U0646090

SÉMINAIRE DE
PSYCHANALYSE D'ENFANTS 1

儿童精神分析
讨论班（第1卷）

［法］弗朗索瓦兹·多尔多　著
Françoise Dolto

王剑　译

北京师范大学出版集团
BEIJING NORMAL UNIVERSITY PUBLISHING GROUP
北京师范大学出版社

前 言

克劳德·尚德尔[1]

  和弗朗索瓦兹·多尔多这样的精神分析家相遇，会在许多学生的临床实践和思考方式中留下不可磨灭的痕迹，这一点也不让人吃惊。作为她的学生，我也有幸向这位临床治疗师和杰出理论家请教了一些年轻临床工作者遇到的问题。这给我的职业生涯，以及我作为一个男人、父亲和祖父的个人生活带来了翻天覆地的变化。起初她会看看我们，然后就不再看了。她一言不发、专注倾听的接待方式，让我们重新找到那些来做咨询的孩子(或曾经的孩子)的讲述带给我们的身体感受。她倾听那些我们听到的以及不愿听到的东西的方式，以及她提问的方式，让我们能听到自己所说的，并让一些当时看上去不重要，但事后看来却是决定性的东西清晰起来。她让我们思考并意识到把我们和我们的小病人或大病人连在一起的移情(或"反移情")的重要性。她会对我们向她讲述的那些东西进行联想，进而想起曾经的一些案例。即使后来身患重病，她还是非常关心

---

① Claude Schauder，前斯特拉斯堡大学心理学教授，心理治疗师。

我们。所有这些都深深地印在我们这些已经或者正在成为精神分析家的人的心中。

即使是在四十年后，多尔多的著作——比如你们手头的这本——还是能对某些读者产生冲击，这并不让我感到惊讶。我完全理解这些年轻的中国人来法国留学的想法。值得赞赏的是，在邓兰希的鼓动下，为了更多的读者，他们持之以恒地把这部著作高质量地翻译成了中文。

同时，我们不得不关注这些译作背后的社会和学术氛围。

事实上，目前世界各地的人们都急于平复那些让人不安的心理或身心症状，比如那些打破了孩子及其家人的平静生活，干扰到他们的学业以及他们对自己生活成长的世界之适应的行为障碍。在中国，精神科医生、心理咨询师和治疗师多年来倾向于求助于一些似乎能消除这些症状的药物（精神类药物、安非他命等）或一些再教育及行为矫正手段。

由于确信这些行为障碍的来源主要是器质性的，或认为它们只可能出于认知—行为上的问题，或上述两种原因的结合，这些治疗师把所有希望都寄托在药物或认知—行为取向治疗上，忽视了症状的话语维度及其蕴含的痛苦的意义，以及主体以症状为媒介发出的呼救和呼喊。这是孩子身边的人所意识不到的。他们更急切地想要看到这些不适或痛苦消失，而不是理解其含义或传递的信息。这些治疗师认为，这样的问题就像其他身体症状一样需要被根除。

和全世界所发生的事情类似，弗洛伊德想要传入美国的这种瘟疫①，哪怕在它得以成功扎根的地方也没能持续肆虐。中国的某些治疗师同样不接受童年期性欲和死冲动，把它们当作丑闻。他们不停抗争，希望让心理治疗工作重新进入所谓"科学"的医疗范畴。大家知道，这一运动在西方近三十年以来大大加速，变得更有影响了。尤其自从《精神障碍诊断与统计手册》出现并成为国际通行的所谓科学诊断标准以来，我们看到了真正的变化。它从意识形态上假设精神疾患与普通身体疾病没有根本区别，因此就出现了这样一个既不明确也不灵活的分类标准。按照伦理价值和所谓社会需要（实际上似乎是市场和制药工业从中获取了最大利益），"行为障碍"覆盖了一切病理学领域。

随着这一重构以及精神病学的再次医学化，精神健康领域失去了所有承认症状话语维度的可能性，一些概念也失去了自主性。事实上，这尤其得到了制药工业的支持和鼓励，后者明白怎样鼓吹针对症状的治疗的有效性及进展。同样，它宣传可以用基于科学的精神病学普查和预防精神障碍。

在缺乏精神病理的基因或生理病源证据的情况下，这一预防政策转到被《精神障碍诊断与统计手册》重新定义的所谓"行为问题障碍上"。一些专业人士从孩子很小的时候，甚至出生前就开始做普查，并从诸如（研究行为和发展过程中神经和基

---

① 1909 年 9 月，弗洛伊德受邀至美国克拉克大学做系列讲座。可能就是在讲座中，他向荣格和费伦奇说了那句后来变得很出名的话："他们不知道我们给他们带来的是瘟疫。"

因的决定作用的)生物心理学和(研究环境和行为对于发展的决定作用的)发展生态学出发，提倡一些所谓"实证主义"的研究方法。

多尔多的著作明确反对这一看待孩子、看待其功能失调和心理痛苦的方式。中国读者可以借此探索把教育、心理和社会现象加以医学化之外的方式，并意识到不一定需要把社会问题和心理痛苦甚至遗传疾病混为一谈。通过阅读多尔多的著作，读者会发现，把孩子心理发展过程中固有的一些正常对抗性表现当作病理性的，将会导致哪些风险。他们会明白，如果拒绝寻找症状的意义，仅仅把它看作预示着病理甚至犯罪因素，失去的将是孩子所有的发展潜力。

中国读者也会注意到，我们会由于医学化所有的症状、障碍和异常，而完全忽略环境因素，拒绝承认主体自身的诱发因素。通过书中的一些临床案例，读者同样能够理解，孩子的痛苦为什么不能仅仅被当作生理失调或神经系统及其发育中的缺陷，甚至被当作"训练"孩子过程中的"败笔"。

中国读者会通过弗朗索瓦兹·多尔多发现另一种针对这些痛苦进行工作的方式，以及转化这些潜藏在一个处在发展过程中的人身上的问题的方式。这和那些决定论的理论完全不同，后者认为一切都是天注定，比如西方的颅相学曾导致了一些极没有人性的做法。①

———————————————

① 这里应该是暗指纳粹后来利用颅相学测定所谓劣等人种，并进行种族灭绝的事。——译者注

序

在精神分析的历史中，这是一部独一无二的著作。

其独特性来自它诞生时的情景：十五年以来，在巴黎弗洛伊德学院①弗朗索瓦兹·多尔多的讨论班（在拉康 1980 年 1 月解散这一协会后，则是在其他地方②）中，在一个半小时的时间里，她回答心理治疗师们——百分之九十是女性——提出的和孩子一起工作时遇到的一切难题。

这一讨论班每月举行两次，仅仅面向那些处在训练中的心理治疗师和精神分析家③。参与者们有的已经完成了个人分析，

---

① 巴黎弗洛伊德学院（L'Ecole Freudienne de Paris，EFP），拉康 1964 年成立的精神分析协会。他本人于 1980 年宣布学院解散。——译者注

② 在聋哑儿童学校（巴黎五区圣雅克街 254 号），每个月的第二个和第四个星期四的晚上。

③ psychanalyste，也可译为精神分析师，这里译为精神分析家。因为在某种意义上讲，精神分析的工作不是针对症状的工作，而是对于来访者无意识的倾听。分析家并不处在"老师"或者"师傅"的位置上，而是带着对精神分析理论的独特理解和个人的分析经验，成为话语的艺术家，就像画家、作家一样自成一家。人即风格，好的分析家都自成一格。——译者注

有的还处在个人分析中，其中大多数人都在机构里工作。

参与者们要么在治疗遇到特别的困难的情况下不定期地参与，要么出于对精神分析研究的兴趣出席。事实上，讨论班的使命在于回应一些紧急状况。但是，慢慢地，它也展现出另一面。自然，这在于通过一些个案来呈现儿童精神分析的独特之处。

《儿童精神分析讨论班·第1卷》在所有讨论班的记录中选取了最能体现精神分析阐释过程要害的内容。这是一个三方工作的现场记录：分析家、身体不在现场的孩子和弗朗索瓦兹·多尔多。分析家出于对某一困难个案的不理解，向弗朗索瓦兹·多尔多传递孩子的内心痛苦和问题，后者对此做出回应。

此时，精神分析家是孩子和弗朗索瓦兹·多尔多之间的中介者，但又是无法对其临床实践做出反思的中介者。因此，对于那些在场的心理治疗师而言，看到某位同行由于自身的焦虑而不能拉开距离，找到内在的态度和合适的话语，这是很有意思的。我们常常发现，事实上，咨询师紧贴着个案，没有觉察到自己已经被孩子的某些问题弄得无法动弹了。这和他个人经历中某个没有得到澄清的片段相关。他被小病人痛苦的言说支配着，而弗朗索瓦兹·多尔多置身于这一治疗所特有的移情和反移情之外，能够通过治疗师的讲述还病人的个人经历以原貌，同时还咨询师的个人经历以原貌。

弗朗索瓦兹·多尔多的回答是当下的，她通过自己的"感觉""印刻出"所有那些在她看来个案叙述中扭曲的东西。对于这些对话的阅读，能让我们目击一个常常用复杂而且并不完全的方式报告的个案的简单真相的猝然涌现。

弗朗索瓦兹·多尔多有着提出好问题的技巧和知识：这些问题让一些未曾被提到的信息得以大量涌现，让一些被遮蔽的情景得以呈现，或者揭示出一些此前看上去似乎次要但在孩子的生活中却必不可缺的人物的重要性，比如说从未被提到的父亲、祖父、祖母或某个兄弟。

弗朗索瓦兹·多尔多之所以能够如此迅速、贴切地预见这些个案的逻辑，是因为她具有接触几千名儿童的丰富临床经验。四十年间，每周（周二）从早上九点到下午两点，她都会在图索（Trousseau）医院接待十到十二个孩子。[①] 我们可以设想，如果她平均每年工作三十八周，可以接待多少孩子。

其双重的原创性体现在两方面。一方面，对她而言，临床不是一个概念，而是那个她所治疗的感到痛苦的人的姓名、面孔和身躯。弗朗索瓦兹·多尔多认为，认识首先需要得到检验，并且始终和具体的经验连在一起。

另一方面，在和孩子、婴儿交谈这件事上，她会向当事人学习。她是一个有智慧的赤子，这使她话语独特并特别有效。她的有些话像手术刀一样锋利，能切断脐带；有些话像针一样尖锐，能重新推动（孩子的）身份向前发展；还有一些像弹簧一样紧绷，能重启（孩子的）欲望。

---

① 1940—1978 年，弗朗索瓦兹·多尔多在图索医院做义工。每周二，她会和医院的一位工作人员一起，有时是在年轻精神分析家们的陪同下，接待来访的孩子。具体情况参见弗朗索瓦兹·多尔多的女儿凯瑟琳·多尔多所撰写的回忆文章《弗朗索瓦兹·多尔多和图索医院》。此文见于多尔多的官方网站。本书第三章的脚注对此也有提及。——译者注

和所有那些探寻未知领域的人一样，弗朗索瓦兹·多尔多觉得必须创造一些新的词语和表达方式。有些词是给精神分析家们的，让他们能更贴切地解读隐藏在孩子话语和行为背后冲动的动力学，如"自身脱离"（se décohéser）、"自身重粘连"（se recohéser）、"孩子将要成为的未来"（l'allant devenant de l'enfant）、"染上母亲的气息"（mammaïser）等。

有些词虽然和孩子所使用的词并不完全一样，但也是很接近的。对于后者而言，这表达了他们绘画时的绘画动作、玩胶泥时的手工动作或晤谈时的身体动作的含义。例如，当一个孩子一言不发，只有脚动来动去时，弗朗索瓦兹·多尔多会对他解释道："你的脚想和我的腿打招呼。"在另一种情况下，她会说："你的嘴说不，但你的眼睛说是。"就这样，她成功地把握住了这些缺乏词汇的小病人，并用他们的语言理解了他们。

所有这些承载着相应身体片段的表达方式构成了无意识的"底层语言"。它们传递了一段过去的经历，复活了人们心中潜藏的童年期语言，即使这种语言似乎已被弃之不用。

这一语言是建立在人类发展伦理的基础上的，后者自然地会孕育出心理健康的孩子。弗朗索瓦兹·多尔多的精神分析实践所依据的这一伦理由什么构成？它是一种因循守旧吗？是让孩子慢慢适应环境吗？是一种让孩子变得正常的意愿吗？人们常常会这样追问。

事实上，这一伦理同样来自临床观察：孩子所希望的发展是成为自己心中的那个成人，也就是成长并经历既属于人类这一种群也属于其所处的语言和教育环境的各个阶段。比如说，当弗朗索瓦兹·多尔多认为，站立是孩子在十个月到十四个月的发展阶段中独特的东西时，我们可以指责她是在进行道德说教吗？直立的确隐喻着在空间中对自身的掌控这样一条人类伦理！

在讨论班中，弗朗索瓦兹·多尔多从头到尾都在矫正那些束缚、干扰和扭曲孩子"将要成为"(l'allant-devant)其成人状态的东西。她使用铅笔、胶泥和话语进行工作，就好像没有任何个案不可挽回，没有任何情景不可补救。和面对某些精神分析著作时感到极度沉重相反，阅读她的著作让我们感到欣快。这种欣快感正来自她的方式和态度。对她而言，不可挽回和不可理解的界限似乎向后撤了。希望大家不要认为这涉及的是矫正并让孩子重新适应环境。对在治疗关系中重新出现的被压抑之物的确切表达能在孩子的个人历史中产生一些具有组织构造性的效果，并把孩子的力比多从那个阻碍其流动的强迫重复中解放出来。

当我开始参加她的讨论班并阅读她的著作时，对我来说最有用的是听到她不厌其烦地提醒咨询师，在精神分析中不存在任何既定的解释，我们需要学习每个孩子"基础词汇表"中的元素。孩子所使用的这些词语意味着什么？他们借用一些成人的词汇，却赋予它们和自身经验直接相关的完全个人的含义。有时，这会形成一种无法被破解的编码。对于精神分析家而言，首先要通过绘画或胶泥来让孩子表达。也就是说，通过让他把话语和话语所代表的东西联系起来，来一个字一个字地进行解码。例如，在孩子对治疗师反复说"我的父母很坏"的案例[①]中，

---

① 参见第一章。

弗朗索瓦兹·多尔多回答道："问问这个孩子'坏'对他来说意味着什么。问他：对你来说什么是'坏'？尤其要让他表现一下这个词的意思，问他：能给我画一画'坏'吗？"他会画什么呢？一只鸟？一张嘴？乱涂一通？刚开始的时候，我们对此一无所知。只有根据他所讲述的东西，我们才能明白"坏人"这个词在他独特的经历中的含义。

即使是精神分析家，也应当不断避免用成人的理解来覆盖孩子说的和做的事情的含义。特别是当孩子没法用话语来表达，而用手势、动作、表情和行为，或沉默和静止不动来表达时。弗朗索瓦兹·多尔多在此教导我们，要把这些态度当作一种独特的语言①进行解码。

弗朗索瓦兹·多尔多反复说，一个被带来做咨询的孩子常常是父母的症状。许多母亲，有时包括父亲，会无意识地利用孩子的障碍来让自己去见精神分析家。事实上，在不自知的情况下，他们常和咨询师一起谈论那些始终卡在他们自身发展过程中，以及他们与父母关系中的东西。我们发现，孩子的到来和成长会重现那些未被解决的隐藏冲突，这是他们在跟孩子一样大时和自己父母有过的一些冲突。孩子使他们经历了一个纯

---

① 在身体语言的智慧这一领域，弗朗索瓦兹·多尔多的丈夫鲍里斯·多尔多为她提供了很多的东西。鲍里斯是理疗医生，原籍俄国，创立了法国矫形外科和按摩学校。他具有俄国人文主义精神，思想开放，接受一切形式的知识，对于"肉体化"的无意识有一种果代克式［乔治·果代克（Georg Grod-deck），弗洛伊德的同时代人，现代心身医学的创立者之一。——译者注］的理解，这一无意识通过身体部分和全体机能和谐或不和的形式表现出来。

粹想象的和孩子①无关的关系。他们的夫妻关系变成了围绕着他们童年期未被满足的一些想象性客体的男孩/女孩竞争关系。父亲和母亲相互指责对方在孩子面前的行为举止，激起彼此的内疚感。在孩子的某些发展阶段中，在作为其榜样的成人和老师的反常行为的诱导下，这又反过来导致孩子对于自身发展和性别的内疚感。

孩子的障碍常常在咨询师、父母和孩子共同进行的一些治疗前准备性晤谈过程中就已经消失了。甚至在还没达成任何心理咨询协议前，孩子就重获了自身的平衡，因为他突然感到摆脱了父母和父母的父母早期"糟糕经历"的重负。自此以后，他所承担的这一重负将由精神分析家来承担。

同样可能发生的是，早在最近这些令人不安的症状出现以前，孩子就已经变得非常紊乱，需要为了自己而接受治疗了。即使治疗师从此将在孩子的生活中占据一个重要位置，但弗朗索瓦兹·多尔多认为，他也绝不应当代替孩子日常生活中父母和教育者的角色。心理治疗师在此只是被用作过去冲动的移情（transfert），也就是说，让那些曾经隐藏的给目前带来问题的东西得以显现，并让那些个体发展过程中因未能用话语说出而未曾实现的东西得以实现。他的工作是关于想象和幻想的，而不是关于现实的。他既不扮演修复者的角色，也不扮演监护人的角色。

---

① 正是出于这个原因，多尔多认为，在开始接待孩子之前，应该首先成为成人精神分析家。一方面，是因为（在对孩子的治疗中）常常需要接待父母中的一方；另一方面，是因为对孩子的精神分析治疗更困难。要理解他们的表达方式，就需要对家庭团体中无意识之间的衔接有丰富经验。

这也是为什么弗朗索瓦兹·多尔多对那些在面对自己孩子的障碍时感到无能为力，从而去找咨询师的内疚的父母说："没有人比你们自己更适合抚养你们的孩子。"事实上，是父母构成了现实社会的核心，让孩子得以在其中生活、成长。因此只有和他们在一起，孩子才能在所谓俄狄浦斯期这一阶段中，从乱伦的陷阱中脱身并发展出自己的性欲。他们是两个有着清楚或含糊的肉体欲望关系，有着自身问题，有着无力的地方，有着成功和失败之处的人。这是孩子不能和教育者或精神分析家做到的，除非他过了乱伦的年龄却仍旧身陷其中。一旦脱身，在仍然把父母当作对话者的情况下，孩子就能把自己那些打上了俄狄浦斯期放弃印记的生殖—性冲动转向同龄人，转向与文化和社会的关系中。

不管是对孩子还是对他们的父母，弗朗索瓦兹·多尔多都坚持精神分析工作。做一个精神分析既不神秘，也并不匪夷所思，或令人羞愧。这只不过是对自身经历中的一些问题做的一个特定工作而已。许多人认为这是一种消极、放纵的办法，仅仅针对那些缺乏意志力、自我中心的人，或有钱、有时间的人，但其实它是负责任并需要道德勇气的。

和我常常在其他地方看到的相反，弗朗索瓦兹·多尔多工作方式的核心在于绝不忘记孩子的痛苦。对她而言，工作首先在于尽快找到一些缓解孩子痛苦的办法和话语，并将孩子重新置于自身发展的动力中。

她预见孩子未来蜕变的才能让她在弗洛伊德理论发展道路上取得了史无前例的进步。她的理论毫无疑问是当前法国精神分析最重要的理论之一，因为它触及一些构成我们心理起源的东西。那些对此还有所怀疑的人，在读到弗朗索瓦兹·多尔多对孤独症①儿童杰拉尔（Gérard）之前不被理解的强迫行为所做的巧妙解码后②，将会在自己身上看到一种研究兴趣的骤然觉醒。

和许多精神分析家——其中有些指责她是"过度简化的祖母"，甚至是"治疗孩子的江湖医生"——不同的是，弗朗索瓦兹·多尔多始终有一种用日常生活词汇来传递那些她知道的东西的欲望。

对于那些认为用一些合情合理的简易方法来"像多尔多那样做"就够了的人来说，这本书将表明，多尔多教给我们的并不仅仅是一些简单的窍门，而是一个真正的理论和实践体系，其有效性获得了广泛的验证。还有哪位精神分析家能凭借一系列广播节目，帮助一些小孩子走出孤独症或其他非常严重的心理病理状态呢？③

"孩子是人类之父。"弗洛伊德这样说道。弗朗索瓦兹·多尔多吸收了这一发现，并将其推进得更远：她的知识来自孩子，借由她，孩子治疗了他们自己。④

路易·卡尔达盖斯

---

① 即通常人们所说的自闭症。——译者注
② 参见第十二章。
③ 参见第十一章。
④ 本书所讨论的案例主要基于欧州文化背景下的儿童精神分析领域专业探讨。——编者注

目　录

第一章 ……………………………………………………………　1

第二章 ……………………………………………………………　19

第三章 ……………………………………………………………　35

第四章 ……………………………………………………………　52

第五章 ……………………………………………………………　62

第六章 ……………………………………………………………　71

第七章 ……………………………………………………………　83

第八章 ……………………………………………………………　95

第九章 …………………………………………………………　106

第十章 …………………………………………………………　126

第十一章 ………………………………………………………　142

第十二章 ………………………………………………………　157

第十三章 ………………………………………………………　167

第十四章 ………………………………………………………　183

第十五章 ………………………………………………………　201

第十六章 ………………………………………………………　217

第十七章 ………………………………………………………　229

第一章

一个孩子能够承受所有的真相——阿兰（Alain），一个被
否认了出身的孩子——每个孩子心中都有自己的亲生父母——
怎样让孩子在治疗中表达自己——懂得不色情地和孩子玩
耍——宝宝之间的交流要比和母亲的交流多得多

参与者：一位母亲拒绝向孩子揭示他的出身，这意味着
什么？

弗朗索瓦兹·多尔多（以下简写为"多尔多"）：这仅仅是因
为这位母亲认为这会伤害到孩子，还是说这涉及一种和她自己
的伦理准则相违背的行为？

我们的工作是让她对孩子所具备的承受这一真相的力量有
信心。在母亲当着孩子的面向你说出这一切时，应当把孩子当
作见证者，并对他这样说："你看，你妈妈说，她不想让你知

道这些。但现在她却当着你的面说了出来，说你的外婆曾经是妓女。你知道妓女是怎么回事吗？这是一个出卖身体，通过假装对那些来找她的人有欲望来挣钱的人，这可不太好玩。你可怜的妈妈觉得这不好，因为大家都认为这不好。这是一个自古以来就有的让人难以忍受的艰苦职业。你妈妈的妈妈就曾以此为生。即使别人说你外婆的那些话并不是真的，你妈妈也曾经很难受。虽然我们不是要在这儿治疗你的外婆，你妈妈是因为你才来见我的，但是，你看，你妈妈还是有一个很温柔的好妈妈的。她尽其所能地挣钱来抚养你妈妈。没有外婆的话，你妈妈就不会在这儿了，也不会有你这样漂亮的孩子了。"

你们看，不管母亲和她自己母亲的关系曾经是怎样的，我们的工作就是要让母亲重新获得自恋（se renarcissise），因为现在轮到她做母亲了。

我们面对的是这样一个个案：活下来是可能的，因为作为母亲的她就在这儿，然而她却在心里厌恶自己和母亲的关系。只要这一冲突没有通过一些平反的话语得以平息，孩子会缺乏或者会作为债务来背负的就正是这个东西。

参与者：有时恰好发生的是，一些母亲或者父亲不当着孩子的面说，当孩子不在时才说。那么，我们就掉到圈套里了。

多尔多：掉到圈套里了！一点也不。你可以这样对他父母说："如果你们不理解在他提出这个问题的那一天，他必须应该知道真相的话，那么，我就不可能给你们的孩子做心理治疗。"父母最终大都会承认这一点。相反，如果我们陷进他们的把戏，支持他们的内疚和去自恋的幻想，我们就不再是精神分析家了。而且，如果我们接受不把真相告诉孩子，这意味着我们同样认为真相对他有害，意味着我们自己也不能接受真相。

拥有这样一种态度，相当于在投射并认为作为这个人生活的一部分真相是一枚真正的延时炸弹。然而，对于精神分析家来说，所有的考验都是跳板，所有的阉割都有利于（个体的）建构。

参与者：但是，我常常觉得自己无权向孩子说一些他父母不愿向他揭示的东西。

多尔多：那就不要接受他做心理治疗！当在最初的协议中确定要欺骗他时，你就不能接受他做治疗。我还记得一例个案，其中母亲在六次戏剧般的晤谈后，终于允许我向她的孩子说出关于她出身的真相，来帮助孩子从一种看上去像精神病，但后来发现实际是一种极其严重的癔症神经症的状态中走出来。

在这例个案中，一个女孩从未对自己的出身有过疑问。在出生的时候，她是母亲的亲生女儿。后来母亲把她交给公立福利机构，但是"并未遗弃她"。也就是说，孩子在十三岁之前不能被领养。

在此期间，母亲结了婚，有了两个儿子，一个九岁，一个六岁。她在丈夫的要求下重新找回了自己的女儿。这对夫妇领养了她。这位女士希望孩子永远不要知道自己是她的亲生女儿，这个孩子也从未问过关于自己出身的问题。这两个人长得就像两滴水一样像，人人都看得出。小女孩对此很高兴，说："真幸运，我和我的养母长得这么像！而且就是因为这个，他们才选了我，因为我长得像妈妈。"

他们直到孩子十三岁时才领养了她，而她也在那时才可以被领养。也是到了那个时候，她的母亲才向丈夫透露了这个被遗弃的女儿的存在。

参与者：阿兰，十一岁半，是我在一个治疗血友病的儿童机构的入院咨询中接待的。他身患血液疾病，鼻子经常流血，也有一系列学业上的问题。他的病是在七岁时被发现的。他母亲告诉我，阿兰是她和来往过的一个男人生的。孩子出生以后，她就再没见过这个男人了。在孩子三个半月时，她遇到了后来成为她丈夫的那个人。在阿兰十五个半月时，她怀上了另一个男孩，后面还有了一个现在六岁的女孩。

阿兰从不知道谁是他真正的父亲。我问自己，在接受阿兰入院之前，是不是有必要和他的父母做一些心理治疗晤谈呢，因为接受他进入机构的风险之一，将是维持这个让所有人都感到沉重的家庭秘密。你怎么看？

多尔多：有个东西是完全缺失的，就是阿兰是怎么被怀上的，以及出生后最初九个月的经历。这段时期非常重要，以至于我们可以说，一个孩子的基质在九个月时就被建立起来了，因为他准备好要开始走路和断奶了。

阿兰当然知道他的继父在娶他母亲的同时收养了他，因为在此之前，阿兰并没有一个母亲：只有一个和他融合在一起的

(fusionnelle)女人。接下来，是一个和男人相融合的女人。再后来，在第二个孩子诞生后，阿兰就脱离了这一融合状态。仅仅从这个时候起，母亲才不再是他的小甜心了。

此外，在现实中给这个孩子讲他自己的经历，我看不出这会有什么问题。他本来就知道。就这样告诉他好了："你知道，你爸爸是在你九个月大的时候来的，你妈妈是在那个时候改的姓①。虽然你那时还没有上幼儿园，但你肯定很清楚地听到过别人用另外一个姓来称呼你妈妈。"因为对一个九个月大的孩子来说，母亲被怎样称呼是非常重要的。

出身被母亲否认会让一个人变得非常脆弱，通过修复这一点，我们能够重新赋予其力量，比如说一个被抛弃的孩子。

如果我们没有告诉他他的原初场景，即他生而为人的骄傲的话，孩子可能会死去。拥有一些不能走得更远，仅仅只能在孩子出生以前承担作为父母的责任，之后就抛弃孩子的父母，这并不掉价。但是孩子会成为其他人觉得掉价的投射对象。可以说，后者对于一个孩子没有父母还可以活下去这件事感到嫉妒。抚养我们的那些人是我们情感上的父母，他们在语言交流的层面上非常重要，但是他们不像亲生父母一样属于生命的领域。原初自恋所在的生命领域一开始就起作用，这是存在于基因中的。我们作为精神分析家的工作，就是和孩子交流这一原

---

① 法国的习惯一般是婚后改从夫姓，当然也可保留娘家的姓。——译者注

初场景的真相，这能重新赋予他们生活和交流的力量。

阿兰被蒙在鼓里，因为他的母亲不想把他看作那个她爱过却又背叛了她的男人所留下的一颗真正的种子。她把这个孩子看作前者背叛的延续。

参与者：在我向一个被遗弃的男孩说起他的父母，说起他被遗弃以及被送到福利机构的原因以后，他对我说："我的父母很坏。"我说："不是这样的。他们把你带到这个世界上，这也是一种爱的表现。只不过后来他们没有能力照顾你。"我不知道还能对他说点什么。

多尔多：首先需要他能告诉你："我的父母很坏。"对此，我会马上说："画画你的坏父母，画画你的亲生父亲！活着很坏吗？如果活着并不坏，由于他们给了你生命，他们也就不坏。"必须让孩子通过绘画表现出对他而言什么是"坏"。代表坏（méchant）的常常是一只狗（chien）①，比如，一个成天亲吻孩子，像是想要把他吃了似的母亲。只有他才能告诉你"坏"意味着什么。

总之，孩子是他的亲生父母的表征。他是一个生命的表征，比起那些需要亲生父母才能活下去的孩子，被遗弃的孩子是更加真实的生命表征。这说明他获得了很强的生命力，以至于能在没有父母的情况下继续活下去——许多孩子会死于被

---

① 可能是因为这两个词法语发音的最后一个音节相似，故有此说。——译者注

遗弃。

参与者：我把自己卡住了，想着也许他的父母身上的确有些坏的东西，但我不太知道要怎么对他讲。

多尔多：当你是精神分析家的时候，能做的只有一件事：让孩子用另外一种方式来表达那些他用话语讲的事情。在阿兰的例子中，在对他说"画画你的亲生父母"之后，你也许可以对他说："不管怎样，唯一重要的是我们自己心中的父母。因为他们在你心里，所以他们并不坏。"

参与者：你说的要用话语之外的另一种方式来表达是指什么？

多尔多：话语之外的方式可能是绘画、胶泥、音乐。

我在治疗中遇到过一个不能画画也不能讲话的孩子。那时，我有一架钢琴。我知道他在家里弹琴，就对他说："你能通过音乐来讲吗？"他的爸爸妈妈都是搞音乐的，但是他不顺从父母，拒绝好好学琴。实际上，他比父母更有音乐天赋。因此，他就通过把脑海里的画面弹奏出来做分析。我时不时地告诉他我感觉到的东西。当我说对时，他马上会说："是的，就是这样。"当我说得不对时，他就继续按照原来的旋律往下弹。我对他说："你看，我没弄明白，你脑海里的画面究竟是要表达什么呢？"他就边弹边说："黄色——红色——方的——尖的。"非常抽象。他很聪明，但是各方面都很反常。

除了话语之外，还有其他一些表达方式。前者已经被过多的谎言玷污，以至于孩子不能用它讲出真实的东西，因为对他们而言，话语就是谎言。

一个孩子可以通过手势、身体姿态、绘画、泥塑或者音乐来表达其幻想的内在意象。所有人都是通过这些听觉、味觉、嗅觉、触觉和视觉的幻想象征化的，但也可以用话语之外的方式来表达它们。宝宝们就是这样做的。

在你谈到的这例个案中，也许你应该问问自己："'坏'这个形容词背后掩藏的是什么幻想呢？"我们精神分析的工作总是在于让主体以另一种方式来表达自己。我觉得，对于有些孩子而言，母语充满圈套和谎言。为了不让自己通过这门语言掉到那些一直被加在他们身上的投射的陷阱中，他们不再继续使用它。

"坏"也许是孩子一直听到的关于他自己的说法。

参与者：嗯，我也许是把它和我自己身上有关"坏母亲"的一些东西联系起来了。

多尔多：啊，"坏母亲"这顶帽子给精神分析界带来许多糟糕的影响。并不存在坏母亲。只是在社会层面上，好母亲投射认为存在坏母亲。但是母亲就是母亲，而且首先是孩子让她成为母亲的。

孩子让她成为好母亲还是坏母亲？这是一个荒谬的问题。如果坏母亲代表着那些我们排斥的东西的话，所有的母亲都是被排斥的，因而也都是坏的。我们既要吃奶，又要排泄。当我们吃的时候，很美味，喵——喵；当它不好的时候，我们就排掉，就很坏，就是屎臭臭。因此，妈妈一会儿是喵——喵，一会儿是屎㞎㞎。这就是生命！母亲是生命的中介，因而也被生命之流贯穿。

因此，如果接收就是好，吐出或者排掉就是坏的话，没有人能逃脱好和坏的二分。因为人人都在接收与排出，并从中获得一些东西。

获得的这个东西，是好的还是坏的呢？因为我们集中关注这一点，这就变得很夸张，最终导致一个悖论：妈妈为吃宝宝的屎㞎㞎吃得不够多而感到焦虑。一个好妈妈会因为孩子没有给她拉屎㞎㞎这个坏的东西而感到焦虑。这样一来就乱套了。

用其他一些更理论化的术语来讲，就是：与母亲的关系是伴随着欲望、情感、动作以及表情的语言，是通过对一些需要的满足建立起来的。孩子吮吸着母亲的乳汁，同时他的身体通过自身的消化功能得到了维护。

参与者：在我谈到的个案中，是他说"坏"。

多尔多：他是这么说的，但是这个词是从哪里来的呢？你也许应该问问他："是谁对你这么说的呢？"或者："这是怎么回事？给我画画'好'和'坏'。"

参与者：能通过绘画表达原初自恋的父母吗？

多尔多：能，他们能通过一团旋涡线条来表达。这团旋涡就是他们心中鲜活的父母。为了画一团旋涡，必须有一个想象的轴。旋涡就是一种动力，这个轴，就是生命。

参与者：在儿童心理治疗中，你非常坚持通过一些表现形式来开展工作，即通过绘画的形式来表现孩子心里的东西。实际上，我觉得，当我向孩子要一幅画时，他画画是为了取悦我，或者是为了让我不打扰他。你有同感吗？

多尔多：为什么一定要让孩子画画呢？没有任何理由这么做。让和你在一起的那个孩子做他自己想做的。

参与者：但是我们不还是告诉孩子："画幅画，这就是规则。"孩子来我们这儿，不是来随便做点什么的，不是一切都被允许的。

多尔多：那我就不明白了。任何时候你都不应当指示孩子做什么！他被允许什么都说，但不是什么都做。说意味着表达他自己。当我们告诉孩子"你可以用词语、泥塑或者绘画来说"时，他是明白的。但这只是表达他的幻想的不同方式中的一种罢了。他来这儿是为了和你交流他所遇到的问题的。

参与者：是的，但我说的是把绘画当作一种防御系统。

多尔多：在这个意义上，一切都可以被作为防御系统。比如说，话语也可以。这取决于最初的意图是什么，取决于孩子想不想和你交流。事实上，当成人强迫孩子和他们交流时，情况常常会变得很困难。

参与者：孩子有时太焦虑了，他们满足于用一些表情和手势，而不是绘画来交流。

多尔多：表情和手势已经是一些内部表象的结果了，这已经不错了！有些孩子来晤谈时会带些自己的玩具，为什么不呢？他们不再是孤单一人，他们玩玩具，就是这样。这一天，他们不向你提出任何请求，你也同样。要把这当作一个征兆，它接下来可能会有一些含义。此外，这也有点像一些母亲在她们焦虑时干的事情：她们把自己的玩具—宝宝带来留给你就走了。实际上，应该是她们来说。真的，我不觉得像你说的那样，画画或者玩胶泥是一些强迫孩子做的事情。精神分析就是通过各种方式来交流。比方说，一个孩子在地上打滚，这也是一种交流。

参与者：是的。但在这种情况下，我们就不太清楚该做些什么了！

多尔多：做些什么，这毫无意义。重要的是去感受那些你心里被孩子的行为所引发的东西，并对他说："我觉得是这个，但我不知道这是不是你想要对我说的。你是怎么想的呢？"

参与者：我们一直在讲解释的方式，但是我觉得，在儿童心理治疗中，有许多非正式的元素很难被解释：胶泥，画笔，在地上爬，打翻垃圾桶，玩办公桌上的台灯，进进出出……在这些情况下，你觉得要怎样给出一个解释呢？

多尔多：首先，我不知道自己会不会在这个时候做出解释。应该分析一下上下文。但是，做儿童精神分析家确实比做成人精神分析家困难、微妙得多。

参与者：在这种特别的情况下，的确只有很少的交流。

多尔多：你指的是什么情况？在治疗初期，重要的是好好建构一个（工作）框架，知道你准备好来倾听孩子了，并且告诉他的妈妈："如果你的孩子对这不感兴趣的话，那么就由你来替他说。"然后，仔细地观察孩子。比如说，如果他急忙跑进房子里并打翻了一些东西，他就是在表达一种内部的翻腾。实际上，打翻东西并不是毫无意义。你应该对他解读的就是这个。你的工作在于给他做的那些事情加上话语："你急着过来，打翻了一个东西。打翻了一个装着东西的篮子，东西都掉到地上了……"你要和孩子一起自由联想，当他做的一些事情让你想到什么时，你就告诉他："根据你刚刚做的事情，我觉得，你想告诉我一些什么……只有你才知道你想和我说什么……我只是看到了你做的，并且知道这是为了告诉我一些事情。"

参与者：那些有严重障碍的孩子会让晤谈变得越来越艰难。你也遇到过这种情况吗？

多尔多：当然。事实上，分析越深入，晤谈就变得越糟糕。他们越"烂在地上"，就越是在表达一些童年早期的兴奋，直至从那个他们被卡住的地方重新诞生。同时，在外部，在社会上，在学校里，他们会变得越来越适应。

分析就是这样前进的，它得益于孩子被压抑之物的重返。这些被压抑之物是一些不被社会容忍的表达方式，因此他需要向你表达出来。这帮助他活着并保留内在的真实性，也许是为了在心里保留一些曾被打翻的东西。我们对此一无所知，我们的工作是观察、感受并且支撑移情。正是出于这个原因，象征性的付费是必不可少的。它能让我们意识到孩子是不是真的想来，他来是为了让自己获得非常色情化的享乐，还是为了解决一些事情。

比如说，当一个孩子拒绝付（象征性的）费用，但又想进行晤谈时，你可以对他说："那你下次付给我两块而不是一块小石子吧。"这样，他就欠下一块石子。或者，你可以说："今天你欠了两块小石子，给我画一画它们吧。"这就像你让成人通过书写来承认自己的债务。

如果他拒绝，就告诉他："你看，你应该给我两块小石子，否则我就不能继续听你讲你的不幸。如果你真的想回来继续讲，那就下次再来。今天我不能听你说了，因为为了做好工作，我需要一些小石子，否则我就不干。"

这确实是一个证据，证明他是自由的，可以不来和你说；你也是自由的，可以不干这一行，不听他讲。

这是治疗中的一个节点。如果他不想回来，他就不会回来，你可以继续和那个对他的发展感到焦虑的人一起工作。孩子总是有道理的。

参与者：是否应该把上一次晤谈的作品带到下一次晤谈中？比如说，一幅未完成的画。

多尔多：你是怎么认为的？

参与者：在我那儿，孩子拿了一张纸，说："我上次没有画完。"接着，他把上次的画重新画了一遍。我对这个问题比较困惑。原则上讲，该怎么办呢？

多尔多：我也不知道。这取决于每个孩子。我们不知道这个作品是一团狗屎（faire-caca），还是一个他想要表现的幻想。

参与者（男性）：是谁说他的画没有完成的？

多尔多：嗯，他说没有画完，但当他和你在一起时，他已经尽可能地解读了所有那些他要解读的东西。无论如何，这一过程永远不会完结。但是，我要反复说的是，重要的完全不是画本身，而是他通过这幅画要讲的东西。有时孩子是会接着画，但是，一周以后再接着画，这确实是老一套，是一种自身的重复。

我建议你这样对他说："因为你活着，所以你心里每次都会有一幅新的画。但你每次都画不完，这是不是说，当你和某人在一起时，有些画画之外的东西也做不完呢？"

也许他想拖延这个向你表达自己的时刻？要分析的是那些他重复的东西。他断奶断得太早？早产？我不知道。但是，分析的工作在于寻找重复的东西，而不是对他说："你这样做就好像你能一直继续画一样。"等等。并不能因为一个孩子太早断奶，我们就重新让他再喝十年，这会让他变得佝偻。

参与者：如果孩子要我和他一起玩，我的立场应该怎样？

多尔多：如果是他在玩游戏，他要求你玩什么？

参与者：常常是把两个字母用一个破折号连起来的游戏。

多尔多：一个字母是你，一个字母是他，他在两者之间加上了一个破折号。

参与者：有时他会说谜语："绿的是什么？挂在树上的是什么？"我应该怎么回答？

多尔多：告诉他："我该回答什么呢？我不是来这里玩的。"

参与者：他说："你不愿意回答。"

多尔多："对，我不愿意回答。你付我钱，不是让我来回答你的问题的，我也不给你钱让你来回答我的问题。我收钱是来听你讲那些不对劲的东西的。那么，你是没法和别人一起玩吗？"孩子常常会拿一个布娃娃来扮演两个角色：母亲和孩子。

参与者：确实，他们最后就自己一个人玩了，但这让我很有压力。

多尔多：压力就在于抵御色情化。一些做买卖的游戏很重要，因为这是一些关于口欲和肛欲的游戏。比如说，如果一个小女孩告诉你"我是卖肉的屠夫（boucher）"——她就是因为这个原因来见你的，因为她被堵住了（bouchée）。① 那么，你就是顾客。"女士，你需要点什么？"她说。我就像莫里哀剧中的角色一样，低声说："我该对你说什么？"她会说："你告诉我，你要买两块这个。"你要完全按照她说的那样做，不要加入自己的情绪。你可以用一种单调的口吻重复道："我要买两块这个。"然后，你再低声地问孩子："我接下来该说什么呢？顾客会怎么说呢？"如果孩子抗议，说："但你是顾客，你知道啊！"你就要向她解释道："我是一个傻顾客，你来告诉我该怎么演吧。"慢慢地，情形就变了。最终，是她来用你——精神分析家——来玩游戏，来和她一起表达这个游戏对于她的含义。这始终是一个口欲和肛欲的游戏。游戏中常常缺少付款这个环节：商人

---

① 同前面的例子一样，"屠夫"（boucher）和"被堵住了"（bouchée）发音相同。——译者注

很高兴卖出了商品，但顾客没付款就走了。

许多孩子不告诉你要付钱。过一会儿，可以由你来讲："你觉得真正的商人也是这样的吗?"通过引入付款以及金钱的价值，你会让孩子明白天下没有白吃的午餐。是通往另外的东西的游戏。我记得一个小女孩的个案，她告诉我："顾客总是买×人份的肉。"我就问她："为什么她总是买这么几份呢? 给谁呢?"她回答道："给她的丈夫!"我又问："她有几个孩子?"结果发现，总是有一个孩子缺少他的那一份。

事实上，她在用妈妈的角色扮演顾客。她家有四个孩子，但是顾客总是只买三个人的份。她赋予了这个移情到我身上的顾客一个不想让最小的弟弟活下去的责任。

这是一个应该被解码的潜在自由联想的起点，或是一种对现实的否认。当现实迫使主体停止其想象生活时，始终会有这样一种运作。主体就变成一个臣服于教育者意志的人，不能走得更远，不能真正有活力。

相反，如果想象界的膨胀否认了现实，主体同样不能适应日常生活，因为日常生活既要求具备现实感，又要求保存一种自身的想象生活。

我们的工作始终在于向孩子提供一些容易理解的象征性表达方式，以便让他遇到一些可以和他沟通交流的人。他的身边往往缺乏这样的人。

例如，一个小宝宝不能和母亲交流所有那些他想要交流的东西。

我们在绿房子①中就见证了这一点。这是一个孩子们在其中得以社会化的场所。

宝宝们之间的交流要比和他们母亲的交流多得多，而且这种交流非常快乐！他们需要这一他们之间特有的交流，因为他们处于同一个声音波段，而且毫无疑问地有着同样的幻想。我们多次注意到，一些妈妈嫉妒她们三个月大的孩子，后者一个个像小青蛙一样躺在地上，彼此之间咕咕叫着。

让人惊愕的是：一旦母亲试着进入他们的圈子，宝宝们立刻就不吱声了。在他们作为人类的发展水平上，这是一个他们彼此之间能够交流自己幻想的证据，而他们的母亲无意中禁止了这一交流。母亲问他们的是一些现实中的事情，但他们需要交流一些幻想。或者母亲会把自己的幻想强加给孩子，而这并不是孩子们彼此之间分享的那些幻想。

在这些买卖游戏中，在这些默契的游戏中，孩子寻找的是什么呢？他找的是和自己处在同一水平上的人。我们要放下身段，尤其不要带上自己的幻想。我们应该始终作为精神分析家，去探寻孩子在何处否认现实，或者相反，探寻他在何处过于现实了，他如何被周围的世界施虐性地强加上了一些东西。

参与者：正是由于这一点，你说我们应该首先向成人，而不是向孩子学习我们的职业！不幸的是，通常所发生的刚好相反。

---

① 位于巴黎十五区梅耶克街13号。

多尔多：哎！确实。孩子是父母问题的感应器，是社会的产物。有些孩子是有自身的问题，但这些问题常常会因为父母的问题变得更加严重。

参与者：从根本上讲，你怎么定义儿童心理治疗师的作用？

多尔多：我们的作用在于让表达的欲望变得正当、合理，并寻找孩子因为没能和他周围的人表达这一欲望而重复的东西。我们同样应该重新找到那些欲望周围的情感。这些欲望被一个由教育氛围强加而成的超我压抑着。这些未能表达情感的欲望冲动，直接或间接地让孩子的身体及神经中枢功能变得紊乱，并导致焦虑。这完全是弗洛伊德《抑制、症状与焦虑》一书中的图示。孩子身上的抑制甚至可以让他们停止存活和成长。我们的作用在于让所有这些东西重新流转起来。但肯定不是让孩子变得正常，因为这毫无意义。

尤其要允许他表达，要让想象和现实融洽地共存，这是我们每个人都要接受的一种矛盾。我们正是通过一种不仅仅只是言语化的象征生活来接纳这一矛盾的。

一切皆语言。

第二章

孩子，父母的症状——年轻精神分析家们犯的错误——被领养的孩子想尽一切办法让自己在外形上像父母——孩子，家庭治疗师——如何进行初始晤谈

参与者：当一个孩子是他父母的症状时，我们应当接受他做治疗，并把他的父母转介给其他精神分析家吗？还是说，应当分别对他们做治疗？

多尔多：父母应该去见其他的治疗师，否则，儿童精神分析家会在无意识中遇到他们的父母，就像父母是他们孩子的孪生兄妹一样。这很糟糕。

如果父母自身需要治疗，这是因为他们在把孩子带到世上时，通过把自身的童年早期经历转移到孩子身上，完全干扰了孩子。这是一个移情的关系，不是一个真实的关系。在这种情

况下，现实中的父母在孩子身上重复了自己的过去，这就导致了一种扭曲的客体关系。为了孩子的利益，为了明白孩子在日常教育中将要面对的哪些（来自父母的）投射，精神分析家有必要见见孩子的父母。

但是精神分析家永远不应该管孩子当前的教育，他要处理的始终是一些过去的冲动和曾经的身体意象（images du corps）。心理治疗师应仅仅作用于通过对过去经历的移情来"宣泄"当前的压抑。

这涉及重新唤起病人身上的压抑之物，让它们得以"宣泄"，让那些未被升华的攻击性通过话语表达出来。这解除了对治疗框架之外和实际生活中的其他一些冲动可被升华的部分的抑制。

这就是为什么，在孩子恢复健康的过程中，构成孩子生活真实环境的父母可能需要一些帮助。事实上，在自身没有意识到的情况下，很多年以来，父母始终面对着自己在孩子身上制造出来的问题，而这些问题的消失，可能会把父母置于一个为身体或者人际关系痛苦的奇怪状态中。

当然，你不能在第一次晤谈中就站在自己的立场上告诉父母，说孩子是他们的症状。他们之所以真诚地把孩子带来，是因为他们自己或周围的社会环境觉得孩子不正常，比如孩子在学校捣蛋，或者身体有一些功能性障碍：语言、运动机能和厌食性的障碍，大便失禁，遗尿症，口吃，等等。精神分析家的工作首先是接待父母。时间要足够长，尤其是第一次晤谈。然后再接待父母和孩子，让他们轮流表达自己。最后才是接待孩子，并且轮流接待父母中的一方。[①]

如果确实涉及"孩子—症状"，事情会自然明了。要么孩子对这些晤谈不感兴趣，离开房间，让父母意识到他们自己的问题，要么孩子把父母赶到晤谈室门外，让后者惊慌失措，需要得到一些帮助，来承受孩子对他们表现出的这一突如其来的"断奶"和独立。

这就是为什么我说，在成为儿童精神分析家之前，首先应该成为成人精神分析家。

否则，我们就不能理解孩子自出生起就被投射到他身上的痛苦。这让他成了父母的症状，意味父母需要接受治疗。这也正是父母通过自己的孩子提出的请求。让人吃惊的是，许多儿童心理治疗师——而不是成人精神分析家——会说："这个可怜的孩子，有这样一个妈妈或者爸爸！""应该让这个孩子摆脱母亲。""这个男人不是一个父亲。"等等。

他们表达出许多对父母的负面移情，这反映了治疗师自身的焦虑，也意味着他们无法和这个家庭一起工作。

公共权力——我要说的是那些代表着公共权力的人，他们并不是精神分析家——正是出于这个原因创立了一些儿童咨询机构，并认为一个孩子可以在没有父母的情况下减轻或消除适应社会的无力感。

---

① 主要针对七岁以下的孩子。

这就是这些咨询机构面临的困境：尽管机构的建立是为了孩子，但实际上，我们无法在这些机构中治疗孩子。

更奇怪的是，和以前相比，法律让父母对孩子负责的时间变长了：现在，至少在十六岁以前，孩子无法工作。对他们而言，除了违法犯罪之外，没有任何办法可以逃脱某种可能的家庭病理性氛围。

至于说通过一个上级权威机构把孩子和父母分开，即寄养孩子或者剥夺父母监护权，这对孩子及其后代始终有着极其严重的副作用。

只有分别为了他们自己，一起或者单独接受帮助，父母和孩子才能理解分离的必要性，并在心理治疗师的支持下自愿向社会援助系统求助，并从中获益。但这绝不应当由家庭团体之外的某个人决定。

我想回到刚才提到的许多儿童心理治疗师对于他们称之为糟糕的父母的人的负面移情这个问题上来。

我来举个例子更好地说明这一点。当一个孩子带着他的玩具小汽车来晤谈，并告诉你车子坏了，或者带着她的布娃娃，向你说"她老是打扰我，她在床上尿尿，她咬大家，她总是不想睡觉，不想吃饭"，这时，你会治疗这个汽车或这个布娃娃吗？你会向孩子的父母说"再给他买一个玩具汽车或布娃娃，因为这个孩子照顾不了它们。我们要把这些玩具扣下来，送给另一个孩子"吗？

这差不多以一种荒谬的方式归纳了这些治疗师充满良好意

图的态度。确实，对于六七岁以下的孩子而言，神经症或者精神病性的父母的投射，或者因为重新单身而透过孩子彼此敌对的父母的投射，都会导致他们出现障碍。

孩子七八岁以后，通过几次和父母、孩子的晤谈，我们会意识到孩子是否希望自己单独获得帮助。父母在和精神分析家（他们应该像对孩子一样正面看待父母）的晤谈过程中，常常会意识到他们自己希望获得帮助。精神分析家应当让他们明白，他只能接待家庭中的一位成员做治疗，因为对他而言，同时治疗家庭中的多位成员是不可能的。

如果孩子自己希望治疗，而他的父母还没有决定是否要为自己做个精神分析，那就有可能和孩子达成一个治疗协议：在这种情况下，孩子可以单独做一个精神分析。这一分析工作的作用是，如果孩子在社会中找到了自己的位置，这将对他的父母具有解放性作用，但也会带给父母很多焦虑。

就是在这个地方，精神分析家应该更加人性化，而不是坚持一种极端排斥父母的态度。孩子的治疗在父母身上所导致的心理、性格和次生问题，会让孩子自己去请求心理治疗师回应父母提出的晤谈要求。

这等同于机构在接收孩子做治疗前必须进行的一些综述性讨论。

因此，不能在孩子不在场的情况下接待父母。孩子在场的话就无妨，他们借此可以听到父母要说的话。就是在这些家庭会议的场合中，父母能意识到孩子的一些积极变化。正是这些变化让他们感到痛苦。或者，他们能够意识到孩子期待从他们那里获得的他们其实无法给予的帮助。

精神分析家让他们彼此说的话产生回响，并因此打开了一个就算他不在场，家庭成员依然可以继续进行下去的交流。这一点很重要，因为在父母同意的情况下，孩子和治疗师之间一旦达成治疗协议①，许多孩子和父母就不再有机会在晤谈中进行交流了。

这就好像精神分析家把父母从教育者的位置上赶了下来。

就是在这些综述性讨论中，当前的情况从治疗师那里被完全交回父母手中。

要和父母反复讲，他们才是孩子的教育者，他们完全可以自由选择自己面对孩子时的言辞和态度。

事实上，大量育儿咨询的出现让父母以为治疗能代替教育。我们精神分析家要重新让他们各安其位，要避免在孩子的治疗中扮演一个父母教育顾问或老师的角色。我要明确指出，我这里讲的是那些七八岁以后，能作为个体对精神分析治疗协议负责的孩子。

有时，移情中的某个插曲可能让某些孩子忘记治疗协议的这些前提条件，而这在治疗之初就被清楚地解释给了他和他的父母。

---

① 这个协议意味着把孩子告诉精神分析家的内容当作职业秘密，父母无法知道晤谈中发生的事情。

父母的负面反应和焦虑，再加上那些孩子没有在晤谈中提到的却加诸父母的移情的负面部分，让这些综述性讨论变得很有必要。

在这些综述性讨论中，我们经常能听到父母告诉我们，他们的孩子每次在家里遇到不开心的事情时都会宣称："我要把这件事讲给我的分析家听！"我们这时才了解并因此明白，这些威胁性的、幻想的话语让父母在面对孩子的反应时所感到的无能为力。

我们要小心孩子这些诱惑性的移情，它想要让我们去占据幻想的父母的位置。但是，这和那些已婚的男男女女利用和我们这些咨询师的关系中的幻想，来避免和他们现实中的伴侣有关系，甚至以对自己精神分析家的爱的名义结束夫妻关系，难道有什么不同吗？

和孩子一起工作，就像和成人一起工作一样，并且由于工作中不存在身体必需的性——生殖满足，因此要更加小心。不要以移情的名义建立起家庭关系中的倒错，也不要建立起和精神分析家关系中的倒错。

在你们对父母的精神分析倾听中，另一个不能放过的点是：孩子和那些父母在现实生活中不喜欢的人的相像。对孩子说出这一点非常重要："你长得像你的某个姨妈，而你妈妈连她的照片都不想看到。你得克服这个缺陷，你的眼睛（或者一缕头发、面孔）像她。"一旦这一切被说出，它就变成了现实。孩子会觉得被说出来很好，并会想办法应付。如果这一直没被说出来，孩子就不会感到自己的存在：因为他在身体某方面长得像某个母亲出于某些情感上的原因不能忍受的人，所以他自己的某一个面完全消失了。

对于那些被领养的孩子，这是以无意识的方式发生的：他们克服了和父母没有血缘关系这个缺陷。他们想尽办法让自己变得像父母，特别是在他们还小的时候。

一个我最近见到的小男孩告诉我："你知道，由于我没有在我母亲肚子里待过，她就希望我长得更像我的父亲，因为她爱他。"这个孩子正处在俄狄浦斯期，对此非常嫉妒，但他还是这样做了。他长得像自己的父亲，以便和他竞争。所有这些通过部分客体实现的模仿都很成功，比如在下意识的小动作和习惯上。直到有一天，精神分析家让他注意到，他似乎相信自己的养父就是亲生父亲。于是，孩子说道："嗯，确实，我没必要有一些像他那样的下意识的小动作。"

当他意识到没必要这样竞争时，一切就都变了。

对于孩子来说，不管他们是不是父母亲生的孩子，俄狄浦斯期的结束都在于能够接纳自己的身份，并放弃对于父母双方的快乐和欲望客体的认同。

由于知道孩子不是自己亲生的，养父母对于孩子"毫无保留"的爱可能更容易让孩子落入陷阱。父母早年对于他们自己孕育者的孝顺情感会在他们领养的孩子的童年早期再现，就像被领养的孩子是他们的亲生孩子一样。所有这些都是在幻想层面上进行的。

被领养的孩子无意识地要求自己比亲生孩子在身体外形上更像父母，这一愿望在养父母身上也有所对应。后者把所有的希望都放在这个孩子身上，让他继承自己的姓，并希望获得他们对他付出的那些爱和努力的回报。

被领养孩子到了没心没肺的年龄，似乎会显得更加没心没肺，人们让他们对此更有负罪感。

亲生骨肉有时源自父母的(生理)需要而出生，并不是父母意识到的欲望的结果。他可能是父亲发情和母亲顺从的结果。但是在领养的情况下，父母不能否认这个孩子就是在社会满足他们这一要求之前，长久以来就被他们欲望着的被选中的孩子。

自从来到这对夫妻的生活中，被领养的孩子就占据了一个非常重要的位置，以至于当他和这个领养他的家庭分离时，他会产生比亲生孩子还要大的负罪感。

十诫中的"孝敬你的父母(让你的父母感到荣耀)"是很难让人接受的，因为这句话和对父母的爱完全矛盾。这种爱让人变得依赖。孝敬你的父母(让你的父母感到荣耀)，就是让自己充分发展，就是作为他们的孩子在生活中取得成功，做到比他们还要好。这一伦理箴言存在于我们每个人心中，不管它有没有被教导。如果我们没能超越(对父母的)幼稚和依赖，它常常就与我们每个人都觉得亏欠父母的东西相矛盾。

当父母年龄大到不能再自己照顾自己时，对于他们的照料也是我们每个人心中对于父母在我们童年时的照料的回馈。同样值得注意的是，我们常常把这和依赖的爱混为一谈。当它让我们不能获得自己的身份时，这种爱其实接近于恨。

简而言之，那些前生殖期的陷阱总会在后生殖期中再现。我指的是在年老的时候。

最后一个值得提醒你们的问题是：在治疗的过程中，一个孩子有可能对你们说："你来做我的妈妈吧。"在这种情况下，应该这样回答他："你多大时的妈妈呢？"事实上，他有可能把你移情成他两三岁时的妈妈，而不是今天的妈妈。因为每一天他都会埋葬自己的母亲，然后在第二天早上复活她，就像埋葬他自己一样。过去的妈妈死了，因此，他能将她移情到另一个人身上。但是今天的妈妈是活着的，他应该设法应付的是这个妈妈。

参与者：我想回到你刚才提到的缺陷上。不幸的是，这一缺陷不总是能归结为一缕头发上的想象。我想到一个八岁的小女孩索菲，她不堪两个祖母的重负，一年半前开始找我做心理治疗。在一岁半以前，即父母第二个孩子出生以前，周一到周五，索菲都会被父母交给外祖母。后者被年轻的妈妈描述成一个有点疯疯癫癫的奇怪的人。

事情变得复杂的地方在于，索菲的父母觉得她同样有点像她祖母，特别是那些不太好的方面。和后者一样，索菲情感不太丰富，很独立，并且不依恋任何人。我看到这个孩子被祖母和外祖母的双重包袱压弯了腰。因此，我坚持对她的父母说："归根结底，你们才是她的父亲和母亲！"我能有效地为索菲做点什么呢？

多尔多：如果孩子被交给外祖母带，那么索菲一天天无意识地模仿并要成为的母亲就是这个外祖母。这并不是偶然的。这是由于索菲的母亲还是小女孩时，她的父亲还是小男孩时，没有清算掉对各自母亲的固着。

事实上，为了摆脱这一固着，父母效仿了蜥蜴，后者在被抓住时会通过留下尾巴来脱身。我们常常把头几个孩子留给母亲，以便能过年轻夫妻的日子。否则，母亲可能会太嫉妒，会来过问所有那些年轻夫妻所做的事。为了能更安宁，我们就给她一块口香糖，让自己最终摆脱她。

参与者：但是，如果我理解得对的话，当我们因母亲感到痛苦，明确知道她会让孩子同样受罪时，难道还是会把孩子交给她吗？

多尔多：事实上，这一切并不那么清晰，而且我们会觉得她可怜。孩子是父母的心理治疗师：为了让她允许我们生活，必须给她一个梨解渴！因此，我们就把第一个孩子交给她。她非常嫉妒女儿有了一个小宝宝……

对于她们怀孕的女儿，有多少刚进入更年期的母亲会像鹰身女妖①一样啊！因此，年轻的母亲会做出如下推理：一方面，

①　希腊神话中的形象，长着妇人的头和身体，有长长的头发、鸟的翅膀和青铜的鸟爪。她们原是风之精灵，冥王哈迪斯的传令者，负责把死者的灵魂送往冥界。在后来的传说中，她们成为生性贪婪的鹰身女妖，总是显得饥饿且疲惫不堪。她们接触过的一切东西都会变得污浊，散发臭味。这一形象被用来比喻残酷贪婪的人。——译者注

母亲是免费保姆；另一方面，照看孩子会让她变得平静。这时，我就可以不受打扰地和老公待在一起了。

我们不能说这很糟糕。如果这一切能被说出来，它就有可能得到解决。孩子在祖母外祖母的照料下一天天成长，只不过他们之间的关系是色情的。在男孩、女孩被交给祖母/外祖母或祖父/外祖父带的情况下，这一关系是异性恋或同性恋的。在后一种情况下，这是一种激起情欲的色情关系。这对孩子不好。

在索菲的案例中，外婆并不是那么疯癫，但她和索菲一起经历了一些色情的东西。我觉得，这对年轻夫妻需要想想这个处境，并说给孩子听。这当然要和你一起来说。例如，你可以告诉孩子："你看，你母亲觉得你像她的母亲。但是归根结底，你母亲自己也像，因为她是她的女儿，而且长成了一个很好的人！至于你，你主要是像你自己。你父亲和他那边的家族，情况一样。"我觉得，应该通过一些话语来清除那些孩子听到的东西。通过这种方式，这些重负就成为象征性的了。我们只能通过这些话语减轻他们的重负。

话语是最具解放能力的，但同时也是最致命的。同样是通过话语，我们也能加重这一象征性的重负。

在索菲这个案例中，其处境是祖母和外祖母的占有欲。索菲的父母回头指责了他们这一点，这其实让他们变得成熟起来了。他们太早成为父母，还不能完全承担自己的责任，也不能忍受自己母亲的攻击性。如果把孩子交给别人带，得经济条件许可。外祖母当然需要通过部分地绑架索菲，也就是说绑架这个她可能幻想和自己女婿有的孩子，来认同一个年轻的女性——她自己的女儿。她能据此获得一些快乐。

从根本上讲，她在偿还每个父母都反复灌输给自己孩子的债务：教育强加给她的对自由的牺牲。

参与者：我希望你能再讲讲这些决定性的初始晤谈，来仔细解释下我们所扮演的角色。

多尔多：事实上，很重要的是，需要让病人和父母了解那些他们不能期待从我们这里得到的东西。去见一个心理咨询师时，父母倾向于把他当作一个老师，会因此觉得是要去上心理治疗课，或者仅仅是上课。或者由于自己孩子在社会化的过程中有一些缺陷，他们就把咨询师当作修正那个让他们真实或想象地感到焦虑的症状的特殊医生。我们的角色显然在于让他们明白，这涉及的不是孩子的身体，也不是别人和他身体的关系，而是其他的东西。

我们并不倾听身体的行为及其障碍，即使后者被当作一些身体上的障碍在医生那里接受治疗。这并不是我们要倾听的领域，不是我们的波段。

我们有时会看到一些精神分析家，特别是年轻的分析家，想要让父母停掉被弄成药罐子的孩子的药。在药物的重重包裹下，孩子没法和其他人接触，这也许确实很可惜，但是我们的任务并不是谈论这些。

我们的态度紧紧围绕着这一象征性的存在。这是我们分析家(对自己)的阉割。

此外，有些孩子确实需要药物，他们只有依靠生理上的帮助才能活下去。

我记得，曾经有位女儿科医生在我这里做精神分析。她是治疗真性癫痫①儿童的专家，她对这些孩子的态度在我们的治疗过程中发生了转变。

自那以后，她让孩子从四五岁起就完全对自己的治疗负责。她对孩子的父母说："你们不要管孩子的治疗。如果他想接受治疗，我会和他一起来解决用药的问题。"她只是要求父母接受孩子一旦想要见她，就能来见她，或者就能给她打个电话。她对孩子说："如果你认为可以减药了，就打电话提醒我吧。我来告诉你是不是时候。如果你已经减了药，可又觉得担心，可以来见我。我只要求你一件事，就是绝对不要私自加大药量。"

当然，见她不需要每次都单独付诊费，她是医保能报销的医生。

她获得了惊人的结果。她告诉我："我只给最少的必须药量，因为孩子完全能讲出他自己的感觉，知道药量是不是太大，让他不舒服，而不是让他好过。"通过药物在主体身上产生的偶然效果，她学到了很多东西。

这是很大的进步，恰恰能在父母那里建立需要——对应于

---

① 又称原发性癫痫或自发性癫痫。一般认为和遗传因素有关。大脑皮层及皮层下中枢对外界刺激敏感性增高，易引起本病。——译者注

生理需要的药物——和欲望之间的阉割。

这位女士明白，关键在于让一个人对自己的身体负责。她是一个有技术、了解身体障碍和药物使用的人。她并没有做传统意义上的心理治疗，然而她的方式让孩子能够倾听自己，倾听自身的焦虑，这是另一种形式的（心理）治疗。

许多医生在面对那些没有器质性原因的案例时所表现出的无力感，通常会以令人惊讶的方式表现出来。比如说，我想到很多患孤独症的孩子，他们被医生开的一些让人糊里糊涂的药物塞满了，但他们的身体检查却丝毫没有显示出器质性的原因。

在那些并没有耳聋，只是拒绝听到，但还是被医生装上助听器的孩子身上，我也注意到同样的事。从和治疗师建立起真正的交流时起，这些孩子就会扯下自己的助听器。

参与者：关于精神分析家在机构中的工作，你可以给我们一些建议吗？

多尔多：成为在机构里工作的精神分析家，这确实是一个问题。你要不断提醒自己，你的工作在于让主体成为他自己，并帮助他在自身的矛盾中找到自己。由此出发，他可以构造出一个内在的统一体。这让他不管身处何方，都能以自己的名义说话，即使是以一种也许不会让邻居们感到满意的方式。

当我们把一个孩子送到 CMPP① 时，常常是因为他的行为

---

① 公立的法国医学心理教育中心，提供对儿童和青少年神经心理和行为障碍的预防、诊断和治疗，并与心理医疗中心（CMP）、母婴保护中心（PMI）、学校、其他社会机构以及私人开业的医生合作。——译者注

方式让一些机构或他的家庭不舒服，他自己却并不是一个紊乱的个体。（在这种情况下）孩子尤其需要得到支持，来学会不去接受别人对他的投射，而是发展自己，让自己扎根于受孕时的原初场景，保护自己面临解离威胁的原初自恋。如果他让步于别人要求他像玩偶一样行事的那些命令，就会存在这样的解离的威胁。

我们应该帮助孩子摆脱这些被情感价值玷污了的命令。实际上，除了生命的价值之外，没有其他的价值。由于这个孩子已经找到足够的力量活到了来见你，那么带着你的支持，他没有理由不能继续活下去。

第三章

一个不再有象征性生成作用，而是成为挫折的阉割——凯蒂娅（Katia），一个没有受到任何阉割的残疾小女孩（一次完整的晤谈记录）

参与者：你常常说，精神分析的治疗在于做一些不同的阉割——口欲、肛欲和生殖—性欲的阉割。你说的"做一些阉割"究竟指的是什么？

多尔多：阉割，不管是对口欲、肛欲还是生殖—性欲的冲动的阉割，都在于提供一些办法来让孩子对想象界和律法所规定的现实做出区分，这是通过上述不同阶段完成的。

例如，口欲阉割在于让一个孩子能独立地说一些话。也就是说，它让孩子能自己做判断，来决定是否同意（"是否要"）执行一个母亲或者其他人的话语指示行为。

我们总是给孩子做口欲阉割，而母亲自己并没有在这个层面上被阉割。当一个母亲告诉你"我的儿子不听话，我说东他就做西"时，潜台词常常是孩子表达了一个符合自身幻想的自己的欲望。

这一欲望常常完全可以实现，但实际上，母亲会通过她的一些命令，表达希望看到孩子实现属于她自己的幻想的欲望。因此，这类母亲不停指责孩子不按自己说的做，总觉得孩子有错。她希望孩子不加评判地把自己的话当作现实，全盘接受。

我们可以举个口欲阉割的例子。在一次晤谈中，一个孩子画了一幅他说是炸药的画。"不要碰这幅画，因为它会把房子炸开花。"他对心理治疗师这样说道。"我把它放在这儿，你不要碰啊。"然后，他就走了。下次见面时，他问道："你还留着我的画吗？"治疗师说："去找找看，你自己会明白。"孩子说："但是我找不到！我不是跟你讲，我不想让人碰它吗！"治疗师说："是啊，你讲过，你不希望别人碰它。你当然有权这样讲，但是事情并不取决于你说的话和你的想象。"

这件事就这样了结了：治疗师没有按照他的话——话语是始终被允许的——来做，并独立于他的幻想来行动，这让孩子感到高兴、放心。这就是口欲阉割。

为了做这个阉割，必须让孩子表达出潜藏在他话语背后的幻想，给他交流的权力。缺乏这个的话，口欲冲动——话语——就没有通过肛欲（冲动）——行动——的筛选，即那些能够允许一个行为、一个留下痕迹的肌肉动作得以执行的冲动的筛选。这一痕迹当然隐藏着痛苦，但它并不符合想象。

至于说肛欲阉割，它在于让孩子明白，行为并不会有什么结果，不能产生（孕育）什么。

参与者：我们怎么能够知道一个孩子是不是准备好接受俄狄浦斯期的阉割了呢？

多尔多：当他对自己的生殖泌尿系统感到自豪，并明白其敏感性的时候；当他承认父母——两性双方——的生殖性价值，以及作为其孕育者的父亲和母亲身体亲密接触的价值的时候，就可以了。

相反，如果一个女孩子对你说"男孩的小鸡鸡很恶心"，这说明她还没有准备好接受俄狄浦斯期的阉割。

参与者：你是怎么看待象征性阉割的？

多尔多：我用这种说法，是在接受生成象征性阉割（castration syboligène）的意义上讲的。也就是说，对冲动在其显现的层面上的满足的剥夺，即冲动与其瞄准的目标之间的短途回路可以通过和一个过渡客体以及接下来的众多客体的关系，通过一系列相互的移情链条，变成一个长途回路，和最初的目标连在一起。

为了让阉割能够成为生成象征性的，必须让它在冲动——比如说口欲冲动——有权在孩子身体上得到满足时介入。

如果不具备这一基本自恋所必需的快乐，阉割就成了挫折，而不再是生成象征性的。

我想，我们可以这样说：首先孩子要能以最初寻找的方式体会到冲动满足的快乐，以及与此同时部分口欲客体——乳房、食物、小便、大便等——给他带来的身体上的满足，这是和一个完整客体，即照顾他的那个人，那个他所爱的而且承认其冲动满足的人的关系连在一起的。

从这个人对孩子而言占据了和其冲动满足至少同样重要的位置时起，这个人就可以帮助孩子超越冲动的简单满足，去抵达一个更高的交流水平。

要做到这一点，就需要一个三角的情景——母亲、父亲、孩子，或者母亲、外祖母、孩子，或者母亲、另一个人、孩子，等等。也就是说，母亲并不是为了让自己高兴，才让孩子遭受挫折的(不让孩子的冲动得到简单满足)，否则，这就成了一种变态的局面。

事实上，孩子想要认同他爱的那个人。这个人不仅仅以孩子满足其冲动的方式来满足自己的冲动，也教给孩子他自己满足这些冲动的方式。

以一些口欲冲动为例，比如说，让孩子学会通过说话来满足这些冲动。这实际上是通过说话、唱歌、发出声音而获得的口欲的快乐。

孩子发现这个人——通常是他的母亲——同样通过这种方式获得快乐，而且她允许孩子从中获得快乐。通过和另外一个人说话，她想教给孩子对应于这一冲动的通过一个更长的回路获得满足的交流方式。

因此，她剥夺孩子反复要求的部分快乐，以便让他学会以一种更讲究的、她自己也同样采用的满足这些冲动的方式。

再举一个例子。母亲在孩子大声哭着要糖时并不马上给他糖，而是对他说："跟我说说糖吧。你想要薄荷味的还是草莓味的？想要硬糖还是软糖？要不要带糖纸的那种？"通过这种方式，母亲就给了孩子比一颗糖果多得多的东西。

因此，生成象征性阉割需要一个人作为中介。这个人既能作为宽容的榜样，也能作为孩子获得满足的逐渐变大的障碍，这让孩子把冲动移置到另一个客体上。

凭借这一点，孩子进入与这个人，以及与这个人对他而言所代表的客体的交流中，然后不断扩大，从一个人到另一个人。这一冲动满足的领域也会以这种方式不断扩大。

在同孩子的临床工作中，我始终在谈对一些和客体相关的冲动的阉割——因为有一种满足经由这一客体及其相关的性感带产生了。

给予这一阉割的目的是获得一种生成象征性的效果，也就是说，提供一种更大但也是通过一个更长回路才能获得的冲动满足。否则，这就成了一种欺骗，仅仅证明孩子被他的教育者"强暴"了。他仅仅被看作一个有着（生理）需要的人，而不是一个有欲望的人。

例如，我们设想一下，一个母亲任由其两个半月大的孩子吮吸大拇指。我们看到的是一种基于乳房这一移情客体之上的——孩子把这一客体当作自己的身体——短程回路类型的（冲动）满足。这剥夺并阉割了他和母亲关系中的视觉、听觉、嗅觉的冲动。他仅仅通过吮吸大拇指，就置换掉了这些冲动。对他来说，这就像一种象征化，然而这并不是一种象征化。

他的大拇指——在代替乳房的意义上——确实是象征性的，但是这一阉割却不是生成象征性的，没有生成和另外一个主体的关系。他自己的大拇指被当作部分客体，诱惑着他，让他相信这是一个完全客体。孩子通过吮吸大拇指获得了快乐，并没有和他人进行交流。她的母亲不知道要及时给他提供语言交流的满足来代替乳房，孩子就通过这个与自己大拇指的关系，这样一个与母亲象征性关系的幻觉，置换了这一满足。实际上，这仅仅是一种口腔自慰。

参与者：如果你愿意的话，让我们重新回到凯蒂娅的个案。这是一个双腿装了器械的四岁残疾小女孩。由于一些学业上的困难，她被贴上精神病的标签，但是，从第一次晤谈起，在注意到凯蒂娅就像很多残疾孩子一样没有受到任何阉割以后，你就有这样的直觉，觉得她可以像其他人一样去上学。

多尔多：好，让我们一起来读读我和凯蒂娅第二次见面晤谈的完整记录吧。①

---

① 多尔多开始读案例记录。她下面的发言有些是对出席弗洛伊德学院讨论班的参与者们说的，有些是记载在她正在读的晤谈记录中的，是说给她在图索医院的助手们听的。

在四十年间，多尔多坚持每周二上午九点到下午两点在图索医院工作。她在莱恩（Lainé）教授主持的部门工作，这一部门后来由拉普拉涅（Laplagne）教授主持，目前由拉萨尔（Lassale）教授继任。

这里的文本是图索医院某次晤谈的逐字记录稿。凯蒂娅的父母在晤谈中也在场。

当凯蒂娅走进来的时候，大家都齐声说：早上好，先生。早上好，女士。早上好，凯蒂娅。

多尔多对讨论班的听众们说：我有时会给助手们做个手势，来齐声迎接这个或者那个孩子。

多尔多(对凯蒂娅)：你还记得多尔多太太吗？

凯蒂娅：我想要一枚奖章。

多尔多：你想要什么？你还不会走路呢。

凯蒂娅：(手里拿着一个由一些椭圆形塑料球组成的五颜六色的小玩意)这像冰激凌！(指着一个玫瑰色的球)草莓冰激凌。(指着一个黄色的球)香草冰激凌。(然后指着一个蓝色的球)巧克力冰激凌。

多尔多对讨论班的听众们说：这时，我脑子里闪了一下！用一个蓝色的球代表巧克力！

凯蒂娅(马上补充说)：还有一个覆盆子(framboise)冰激凌。

多尔多对讨论班的听众们说：我叫弗朗索瓦兹(Françoise)！我想，她从巧克力蓝色的球这个女性颜色，到了覆盆子—我(framboise-moi)。也就是说，她开始转到和我的关系中。这能允许她成为女人，而不是始终像个鬼魂，像个既不是男孩也不是女孩的孩子。

在社会上，凯蒂娅有一个残疾儿童的身份，这让她和其他人不一样。当一个小孩子和其他人不一样时，他就既不是女孩，也不是男孩，而是一个异于群体的部分客体。

多尔多（对凯蒂娅）：一些冰激凌！

凯蒂娅（对多尔多）：这些冰激凌，他们①很好吃！

多尔多：你是一个女孩，你不会说，凯蒂娅他很善良，也不会说，凯蒂娅他很好。凯蒂娅，她是不多尔多夫人（non-madame Dolto）。

多尔多对讨论班的听众们说：我之所以用这种方式，是因为以前我纠正她说话方式的时候，她非常生气。

凯蒂娅：是的，多尔多夫人。

多尔多：是的？什么是的？

凯蒂娅：草莓冰激凌。

多尔多：啊，草莓冰激凌。

凯蒂娅：屎尼尼！屎尼尼！

多尔多：为了成为一个男孩子，凯蒂娅这样想！

凯蒂娅：草莓冰激凌！

多尔多：草莓冰激凌。那巧克力是什么颜色呢？

凯蒂娅：蓝色。黄色是香草。

多尔多：黄色也可以是柠檬。你想和多尔多夫人反着说。这能让你说不，并让我感到尴尬。

凯蒂娅：小男孩，他要了一个大香草冰激凌。

多尔多：那小女孩呢？

---

① 冰激凌的法语为"glace"，是一个阴性名词，应该用"elles"（她们）。在这里，凯蒂娅犯了一个语误，错误地使用了"ils"（他们），因此有了下面多尔多的回应。——译者注

凯蒂娅：我想要一枚奖章。

多尔多：什么？

多尔多对着讨论班的听众们说：和刚开始一模一样！

多尔多（对凯蒂娅）：什么？一枚奖章？

凯蒂娅：一枚奖章，我们来做个奖章。

多尔多：好的。奖章上面有什么？

凯蒂娅：一个小绳子（une ficelle）。

多尔多：一个"儿子—她（une fils-elle）"？啊，不行，绝对不行。谁有一枚奖章？

凯蒂娅（先是一阵沉默，不愿回答，然后不情愿地）：是的！

多尔多：她想说不是的！

凯蒂娅：这个很黏。（这时，她嘴里流出一大团口水）

多尔多：第一枚奖章是怎么来的呢？谁得到了一枚奖章？一条狗吗？是一枚奖章，还是一个吊坠？

凯蒂娅：一枚奖章。

多尔多：啊，我太笨，做不了奖章。但是，你知道怎么做。一枚奖章，就像一枚硬币一样圆，上面有个环，可以用链子穿起来挂在脖子上。

多尔多对讨论班的听众们说：我记得，凯蒂娅那时看着咨询室里一位戴着吊坠的女士。

多尔多（对凯蒂娅）：你看，那位女士脖子上挂的东西叫作吊坠。但是，我希望你给我讲讲一枚奖章。（对凯蒂娅的父母说)她出生的时候有一枚奖章吗？

多尔多对讨论班的听众们说：从小时候起，对她而言，奖章就是一个关键的能指。她爸爸告诉我，她总是希望得到一枚奖章。因此，我就画了一枚奖章。

凯蒂娅(指着纸上的奖章)：我想要它。

多尔多：当我们画某个东西的时候，我们心里就有一点点这个东西。给我讲讲这枚奖章。谁曾经有这枚你想用来成为某个人的奖章呢？

凯蒂娅的父亲：我母亲戴吊坠。

多尔多对讨论班的听众们说：他原本可以早点说的！

凯蒂娅：Mammika①！

多尔多对讨论班的听众们说：这时，图索医院咨询室里的一位在场者起身给了我一块玫瑰色的奖章。

凯蒂娅：我想戴上它！

多尔多：想要是可以的，但你不会拥有这块玫瑰色奖牌。你来这儿是为了减轻自己的痛苦，而不是为了取代它。

多尔多对讨论班的听众们说：用这种方式说出来很重要：绝不给予孩子想要拥有的东西的替代品，而是通过说话来表达它，这是阉割的一部分。如果我们真的给他那个

---

① 法文中祖母叫"mammy"，这里应该是凯蒂娅自己发明的对于祖母的称呼。有意思的是，这个词也可以被听为"mammi-ka(mammi-katia)"。——译者注

他想要的东西的话，精神分析的全部工作和为了往前推进所必需的张力就会毁于一旦。凯蒂娅要求的奖章显然代表着要成为父亲的母亲这一心愿。事实上，凯蒂娅看到图索医院一位在场的女士戴着一块吊坠，这让她想到"mammika"。她想要成为她父亲的"mammika"。毫无疑问，父亲作为奶奶的乖儿子（fils-à-elle）——前面出现的那个小绳子（ficelle）——非常依恋自己的母亲。

凯蒂娅处在和"mammika"——她父亲没有完结其俄狄浦斯期的那个人——的俄狄浦斯式的竞争关系中。她父亲一直作为母亲的乖儿子，保持着和母亲的关系。

凯蒂娅：明天（开始哭泣），明天我就戴上它，明天我就戴上它。

多尔多：嗯，明天，当你长大的时候。是什么让你如此痛苦呢？就像有个人有一些你没有的东西一样。你父亲的母亲"mammika"有这枚奖章。画一个拥有所有那些你想要的奖章的小女孩吧。

凯蒂娅：我们（On）①可以戴上玫瑰色奖章吗？

多尔多：我们（On）？"我们"是谁？你一般都说"我"（Je）。

多尔多对讨论班的听众们说：毫无疑问，"我们"指的

①　"on"一词在法语中表示泛指，可以按照不同的语境翻译"成人""人们""人家""大家""有人""别人""我们""他们"等。——译者注

是她和她父亲。

凯蒂娅：我想戴玫瑰色奖章。

多尔多：想做一些事情但又不能做，这确实让人很烦恼。凯蒂娅，有很多东西是你想要但又没有的。比如说，你很生气自己不能走路。玫瑰色奖章是一种虚妄的安慰。你知道自己为什么不能走路吗？

凯蒂娅：不知道。（沉默了一会儿）我想要玫瑰色奖章。

多尔多：不行！（然后对凯蒂娅的父母）从见到我的时候起到现在，你们有什么想对我说的吗？女士，你告诉过凯蒂娅她今天会来吗？

凯蒂娅的母亲：说过，我们时不时地就给她讲。

凯蒂娅的父亲：她说来这里是为了让多尔多女士帮助她指挥自己的脚的。

多尔多（对凯蒂娅）：嗯，正是如此。你有朋友吗，凯蒂娅？

凯蒂娅（把鼻孔对着天空，然后看着多尔多）：多尔多，vinguit①。

多尔多对着讨论班的听众们说：我觉得，这里是某个东西的凝缩。接下来会出现一个名字"瓦莱丽"（Valérie），

---

① 法语中并不存在"vinguit"这个词，所以下面多尔多说这可能是一个凝缩的结果。——译者注

这一凝缩同样也暗指她不能掌控的脚关节外翻（valgus）。

多尔多（对凯蒂娅）：你很擅长做胶泥。

凯蒂娅：会弄疼胶泥的！

多尔多：不，它不会疼的！胶泥是一个东西，你可以使劲抓它，不会弄疼它的，它不会感到痛苦。

多尔多对讨论班的听众们说：她那时正在使劲儿捏胶泥。

多尔多：你多大了？

凯蒂娅：四岁。

多尔多：是个大孩子了。（然后指着一只小鸭子）你知道这个是什么吗？

凯蒂娅：一只小鸭子。

多尔多：它怎么叫的？

凯蒂娅：关——关。

多尔多：你现在要做什么？

凯蒂娅：一只蓝色的狗，一只黄色的狗。

多尔多：做得和小鸭子一样大吗？还是小一点？一只狗有头、躯干和尾巴。狗是怎么叫的？

凯蒂娅：汪——汪！

多尔多：你认识的那只狗叫什么名字？

凯蒂娅的父亲：我们想要给他（lui）……（重说）嗯，是给她（elle）……养一只狗，但她很怕狗。

多尔多：一只公狗？

多尔多对讨论班的参与者们说：一只公狗，因为他说是给"他"的。

凯蒂娅的父亲：对。

凯蒂娅：一只狗宝宝。

多尔多：它长大以后，会变成一个狗爸爸还是一个狗妈妈？

凯蒂娅：一个妈妈。

多尔多：你长大以后，会变成什么？

凯蒂娅：一位女士，就像妈妈一样。（她沉默了）

多尔多：想到这个让人很惊讶啊。

凯蒂娅：Le chiat。

多尔多：Le chiat？是狗（chien）还是猫（chat）？这个词什么都不是。要么是猫，要么是狗；要么是女孩，要么是男孩，不能同时是两个。有时候，在法语里，拉大便也可以说成拉屎（chier）。一个"chiat"，也可能是一个狗宝宝，一个狗妈妈和狗爸爸生的小狗（chiot）。你不知道自己要什么。你想要做那个想变成女孩的凯蒂娅吗？当你还在襁褓①里的时候，你不知道自己的心离爸爸更近，还离妈妈更近。

凯蒂娅：一个球。

多尔多：一个爸爸球？还是一个妈妈球？

---

① 显然有必要对孩子解释襁褓是什么。

凯蒂娅(拿起一个花状玩具娃娃①)：这像一只手套。

多尔多对讨论班的听众们说：她转移了话题。

多尔多：好奇怪的娃娃。

凯蒂娅：好奇怪的瓦莱丽。

多尔多：你所有的娃娃都叫瓦莱丽吗？

凯蒂娅的妈妈：不，她最好的朋友叫瓦莱丽。

（凯蒂娅吮吸着大拇指。）

多尔多：再见。嗯，吮吸拇指，就像你还很小一样。两周以后见，还是一个月以后见呢？

凯蒂娅：两周以后见。玩具摔下来了，不要哭。

多尔多：哭也没关系的。凯蒂娅，你可以哭。

凯蒂娅：不应该哭。

多尔多：哭很好啊。如果这会让一些人心烦，那是他们自己的事。哭就像眼睛里流水一样。多尔多夫人并不会说不应该哭。

（凯蒂娅离开。）

多尔多：重读这个记录，在我看来，有趣的是凯蒂娅必须重新掉到球的意象中。也就是说，掉到自身最早期的意象中。

---

① 20世纪40年代，多尔多在治疗一个五岁半大的患厌食症的小女孩贝尔娜黛特（Bernadette）时，开始使用一种玩具布娃娃。它具有人的身体，头部是花朵的形状，能让孩子表达负面的移情及攻击性。后来，这成为多尔多提出"无意识身体意象"理论的临床材料之一。——译者注

这是必需的，因为对她母亲而言，所有的孩子似乎都叫瓦莱丽，她的朋友们，她的玩具娃娃们，等等。事实上，对于她母亲来说，凯蒂娅也是一个没有名字的玩具娃娃。她因为残疾而没有被命名。对父母来说，这是一个可怕的不幸。毫无疑问，这也是为什么凯蒂娅想成为"mammika"，并且否认两性可以在原初场景中结合并成为两个成年人。所有这些都让她重新回到球这个早期意象上，去吮吸手指并且哭泣。也就是说，回到眼睛被羊水浸泡着的状态中。在这次晤谈中，在接受了一系列对于阉割的启蒙之后，她让自己暂时退行到很远的地方。

这次晤谈起了作用，因为凯蒂娅希望两周以后回来。

和第一次晤谈相比，已经有了一个巨大的进步。在第一次晤谈中，她表现得无法进入关系，只是偶然抛出一些和我对她讲的话无关的只言片语。

参与者：关于你今天给我们读的这次晤谈记录，你能为我们讲些什么？

多尔多：它首先说明，一个孩子想要一个部分客体时总是在认同某个人。

许多心理治疗师都忘了这一点。孩子总是为了某个人才摘花。一个孩子说话，也总是说给某个人听的，肯定不是为了自言自语，而且也不一定是对着在场的那个人说的。

所有的这些举动——孩子的这些行为或者话语——都是按照和某人的想象性关系做出来的。

例如，当一个孩子对你说"我想要这个"，就要问他"为了做什么"。他说："我想要它。"你说："为了变成谁？为了像谁一样？"这个时候，他就会告诉你。

孩子做一些事情或者说一些话，总是为了认同对他而言代表着进步意象的那个人，或是认同别人认为有价值的那个人。

第四章

脐带的未阉割与恐惧症——口欲阉割——肛欲阉割

参与者：你怎么定义脐带阉割？

多尔多：让我们回到问题本身。当孩子处在和另外一个人融合的状态中时，我们就能发现脐带的未阉割。我们也能在精神病和近精神病状态的成人那里看到这一点。为了在治疗中走出这一状态，必须首先在一段时间里接纳这一融合，然后用话语说出不再和另一个人处在融合状态的恐惧症般的恐惧感。那些没能构建自己另一个自我（double）的人都是潜在的精神病患者，他们的孩子成了他们的另一个自我。在这种情况下，孩子就成了精神病。

差不多可以在所有的恐惧症中看到脐带的未阉割。人类并没有一个作为完整个体的自身形象，这一形象在恐惧症的客体出现的情况下才得以具体化：他必须有那个想象中认为自己缺失的东西。

我想到一个小女孩的案例，她只在姨妈来找妈妈的时候去上学。

原因很快就被找到了：她的母亲怕狗，不牵着别人的手就没办法独自走过有狗的门房。

在我看来，恐惧症患者具有这样一些身体意象，就像他们需要第二具身体，需要别人的身体，需要借用那个他们想象中觉得自己缺失的部分来面对危险。

我又想起另一个案例。一个六岁的孩子由于一个奇怪的症状被带来见我。她会突然在街上弯下腰，通过两腿之间看身后，进入一个不现实的世界，因为她看到的行人都是倒着的。如果母亲能及时牵起她的手，这一紊乱就会消失。

实际上，在晤谈的过程中，我发现，她把自己摆成这个姿势是要看看自己有没有阴茎。它完全被移置到这一古怪的症状中了：弯腰贴着地，通过双腿之间来倒着看世界。从身体意象的层面上讲，这几乎是一个胎儿的状态。

在学校里，她醉心于完美主义，她的功课永远都不够完美。通过和她的交谈，我把这解释为有点像这样的东西："如果我不够完美，那是因为我缺少男孩子象征着完美的阴茎。"通过这一说法，她走出了原初阉割。

恐惧症是一个导致严重退行的障碍。"我没有准备好去做一个独立自主的人。"恐惧症患者这样说道。如果我们会因为随便什么东西或者随便什么人而被阉割的话，如果我们自己的性别没有被自己和他人承认的话，我们是没法获得独立自主的。

谈原初阉割，我们就不得不回到脐带阉割上。

我们不能仅给一个孩子讲原初阉割，而不谈他想作为男孩或女孩出生的欲望。在这个小女孩的例子中，我们要向她解释，因为她是女性，所以她一直都是完整的。如果是男孩，要对他说类似的话，并且明确告诉他，因为他父亲给了他生命，他希望他有这个性别，所以为了让他有一天能再给别人生命，他绝不会被去势。

如果不把原初阉割和父母的生殖力、孩子自己未来的生殖力，以及他通过作为自己受孕的原初场景得以诞生的欲望连在一起，我们就不能给予孩子原初阉割。

在精神分析过程中，这一幻想以及伴随而来的抑郁状态的再现——我们称之为死亡冲动所带来的东西——是很重要的。这是主体最终丧失胎盘这一另一个自我，这一子宫内的孪生子，并在移情中通过话语这个真正的另一个自我来构建自己的信号。

脐带阉割就是对于融合状态的阉割。它通过一种二元的关系得以象征化：一个是母亲，她是一个完整的个体；另一个是需要一个部分客体的宝宝。

但这个客体不再是脐带式的，它是脐带关系的升华，后者是与通过口而不是通过脐带的流质食物的关系。

这里有个移位：食物到口腔里，脐带被阉割了，但它被移到那些通过口腔满足的生命冲动中。至于那些排便的生命冲动，它们是在子宫内排尿的延续。

比如说，有些发育迟缓的孩子会在澡盆里拉屎。应该对他们说，他们在妈妈肚子里时就是这样做的，但这在意图上是乱伦的。可以通过这样说来阉割这一行为："当你在妈妈肚子里的时候，你不拉屎屁屁，也不吃饭，你只喝，只撒尿。那么在澡盆里拉屎屁屁意味着什么呢？也许你想要杀了妈妈？也许你想要杀了自己？也许你想死？"

有天，一个孩子对我说："是的。"我就回答道："死是可以的，但是要用其他的方式，而不是在水里拉屎屁屁的方式。我们来谈谈死亡吧。"他马上就画了一副全黑的画。

实际上，在澡盆里拉屎基本上是一种自我毁灭的冲动，因为从来没有人这么做过。面对一个曾经存在的局面，我们还可以允许孩子满足一个童年早期的冲动。

但在从未存在的情况下就不行，否则对于孩子而言，这意味着我们允许一种想象的越轨和自我毁灭。

出于这个原因，许多人指责我，说我在和孩子一起工作时是卫道士。我确实就是，因为道德对于身体的发育是必不可少的。否则孩子永远不能通过对那个以另一种方式来满足这些冲动的成年人的认同，来实现对这些被阉割的冲动的升华。

让我们来看看一个成功的口欲阉割是怎么发生的。它从母乳开始。孩子来到世上，母亲的乳房就有了奶。因此，母亲的乳房既是一个属于孩子的客体，也是母亲身体的一部分。

母亲既提供奶水作为食物，也因其乳房成为一个功能性的工具。孩子在断奶时会被剥夺乳房，接下来他会用向我们要求的各种糖果，或者各种他塞进嘴里的胶泥状的部分客体代表它，来重新唤起对乳房或者奶头的咀嚼感。

好吧，就让这持续一段时间。接下来我会向孩子解释，只有奶水是属于他的，奶头并不属于他，只是借给他了。对于孩子来说，奶头是母亲身体以及他自己舌头的延伸。

因此，只有阉割奶头上的舌头才能让孩子讲话。正是出于这个原因，绝不要让母亲在给孩子断奶的那一天消失，相反，应当补偿孩子，用身体来哄孩子，用一些话语来说说断奶，并且注意让孩子学会在口腔里吸入空气，来说话。

这个作为中介的过程非常重要，它可能会持续好几个星期。这很少被教给母亲们。为了回去上班，她们停止了喂奶，并把孩子交给保姆，没有对被阉割的冲动进行象征化。后者决定了对口腔—肛门括约肌冲动的掌控，也就是说，对作为话语行动者的嘴部发音肌肉的掌控（作为口腔的嘴是吞咽和咬噬性的）。嘴的这一肛门化同样通过和母亲微妙的嗅觉关系，在身体与身体的爱抚中完成。在哺乳期结束后，这仍旧继续进行。如果缺乏这一过程，孩子就不能通过话语的交流，不能通过一些微妙的东西，一些比液体微妙得多的东西来升华其口腔冲动。

我们目前遇到的孩子语言上的困难都来自突然断奶。孩子从与母亲肉体上的联系过渡为照顾他的那个人的部分客体。他就像个奶嘴一样被摆弄着。在这种情况下，孩子确实是断奶了，但是断得很糟糕。事实上，他拥有的榜样是一个不能象征化自己口腔冲动的人。这里的这个成人自己没有断奶，因而也就没有在这个层面上受到过阉割。

至于说肛欲阉割，我们社会的巨大暴力就是过早的剥夺。这是让人无法忍受的。① 在孩子的神经系统能控制那个我们要求他不再获得同样满足的区域之前，绝不应当考虑对肛门冲动进行阉割。这一控制只有在中枢神经系统、脊髓和马尾神经发育完全成熟的情况下才有可能，即小的神经网完全发展到末梢，特别是那些下肢的神经末梢，同时，它们会发展到会阴区域，在男孩子身上会发展到尿道口、阴囊表皮和脚掌。

当孩子获得一种很大的灵活性，能踮起脚尖，能蹦，能跳舞，也就是说，到大约二十四个月大的时候，我们就能知道这一神经系统的发育完全了。

如果这时小男孩还不能大小便自理，这就意味着，他还没有获得一种把自己当作男孩的认同。

他会认同一只山羊、一条狗或者别的什么东西，或是一个让母亲快乐、不快乐的客体。他通过大小便不自理来掌控母亲，迫使后者照顾自己。

但是，一个苛求自己儿子太早大小便自理的母亲会进入一

---

① 挫折并不是生成象征性的，而是导致创伤的，会伤害"作用于"最初性感带上的健康的快乐。

种真正的摧残游戏中。因为小男孩完全没有感知觉上的能力来区分膀胱或直肠的充满，他把所有这些性的、肛门的和尿道的冲动混为一谈。

对于小女孩来说，情况没那么严重，因为她的性冲动不会和肛门及尿道冲动混淆，而且这始终都可以在以后进行修正。在这种情况下，她就像脐带未阉割，但却认同于一个和她有着同样身体的人。

总之，一个生理节奏没有受到破坏的孩子会自然地变得大小便自理。所有的哺乳动物都是如此。如果有谁没这样，那这就是需要被解码的语言。

另一个成问题的既有观念是：身体没有产出一些东西——如屎啊、尿啊——来让母亲高兴。这是成人的一些变态的要求。然而，在一些精神分析的书中，它却大行其道："这是（孩子）最初的礼物，应该赋予其价值。了不起，很好，你的屎臼臼多美啊，等等。"这些滑稽可笑的举动会让孩子感到崩溃，后者非常明白他的屎臼臼既不美也不丑。它就是屎而已。

相反，我知道一些腹泻的孩子因为他们的大便没有好看的形状，也同样因为母亲对他们腹泻的担心而感到抑郁。腹泻让人狼狈，不体面，但这是另一件事。

换句话说，屎臼臼既不美也不丑。拉屎是身体不错的表现，仅此而已。不过，在心理治疗中，屎臼臼可能有一个有趣的用途。例如，当孩子做泥塑时，他告诉你他本来想做个什么，而这个东西你又完全认不出来的话，你就可以告诉他："我认不

出这是什么，它看起来像屎蛋蛋。"孩子肯定会很高兴。你可以
接着说："这是谁的屎蛋蛋？谁有可能拉这个呢？是爸爸吗？
是某某人吗？"最终，我们会发现这是一块狗粪、一团牛粪或一
粒苍蝇屎。这很奇妙，因为肛门冲动最终升华到了语言和观
察中。

就是这升华了肛门冲动。应当从对它感兴趣开始，因为首
先需要体验到快乐——通过话语就是另一回事了——然后承认
这是每个活着的血肉之躯的需要。

那么，人类用这些肛门冲动来做什么呢？他们把这一操控
和排出的兴趣移置到对他们制造出的形状以及这一形状的变化
的好奇心上，并发现自己就是创造者。这是和某人，和对另一
个人的认同连在一起的，正是这阉割了肛门冲动。绝对不要阻
止孩子在他们有便意的时候拉屎、撒尿，就像以为自己是身处
20 世纪的克罗马侬人①一样。

这会损伤孩子肉体的节奏和存在，这不是教育。那些管孩
子"吃饭、拉屎"的妈妈实际上是一些懒得给孩子换尿布的懒婆
娘。孩子越受到损伤，就会越乖，她们则会越自豪地告诉邻
居："你瞧，我的小家伙，他非常乖，他已经不用尿布了。"

一旦时机成熟，在排便这件事情上，要教育孩子像大人那样
去做。也就是说，教育他到一个能做这个事的地方去。但是，应

---

① 克罗马侬人是智人（Homo sapiens，包括所有现代人类）中的一支，生
活于旧石器时代晚期。原来是指发现于法国西南部克罗马侬（Crô-Magnon）石
窟里的一系列化石，现在则包含迁入欧洲以前的早期智慧人种。——译者注

该让孩子知道粪便的归宿，应该让他知道为什么要把屎拉到卫生间里，否则这完全没有意义。这个想要曾是我身上的东西的洞是什么呢？粪便又去了哪里呢？应该向他解释所有这些。

所有这些都应该用话语说出来。一般来说，在乡下，这是很清楚的。孩子们看到，它落到化粪池里，帮助蔬菜生长。在城里，就应该给孩子解释氮的循环，告诉他，直到把粪便像父母一样排到卫生间的洞里之前，他都是自己粪便的主人。对于很多孩子来说，抽水马桶是很戏剧性的，因为不是他们让它运转起来的，然而当一个宝宝拉了屎，却是自己让自己尿布里的马桶开关运转起来的。他从小就知道这是自己的粪便，它们会掉到尿布里。

因此，孩子们是在有了灵巧的能塑造各种形状的双手后很久，才能掌控括约肌的。双手也是一些括约肌，因为手指能对一些材料塑形。孩子在这些东西上移置了一些先前的括约肌的乐趣。

教育不仅仅是认同成人，同样也是抛弃满足的短程回路，通过对于形状的改变，通过产生一些代表着其他事物的思想观念来进行交流。

肛门冲动的转变始于用双手做一些东西。不管他们自己知道与否，所有的孩子最初所做的那些东西都是一些屎蛋蛋。它们是身体制造的东西。只有在成人不对屎尼尼这个部分客体感兴趣，并停止追问"你拉屎拉得怎么样"的情况下，象征化才得以进行。你们知道，在有些强迫症的家庭中，父亲会在每天吃早餐的时候问每个孩子："你拉得怎么样？"

我觉得这始于 16 世纪霍乱时期。在那个时代，为了普查出这一疾病最细微的征兆，这是可以理解的。但在今天，这是一种真正的强迫症。那些在这样的家庭长大的孩子，通常很难觉察这一家庭行为的不正常之处。

　　那些有着吞噬者母亲的孩子们也一样。对孩子来说，把自己的屎尼尼给妈妈——给这个要吞噬屎尼尼的妈妈——是非常有价值的，以至于他会在吃饭的过程中停下来拉屎。这就是那些餐桌座位下有尿盆的孩子的症状。这同样涉及口欲和肛欲升华的混淆。我还记得一个患精神分裂症的小男孩，他母亲希望他能大小便自理，但是不希望他坐在金属尿盆上屁股着凉，所以就把尿盆和平底锅放在一起，放到火炉边烤热。当家人开始摆放刀叉时，孩子就去找自己的尿盆，把它放在自己椅子下面开始吃饭，然后从椅子上移到尿盆上拉，然后再吃，然后再拉，就这样一直持续下去。从一开始，这个孩子就混淆了储存餐具（平底锅）和储存便具（尿盆）的地方。

　　口欲阉割导致了对面部表情动作的象征化。孩子的阉割来自食人禁忌。后者被口头和话语的交流替代了。

　　而肛欲阉割，归根结底是对于形状的破坏和对他人身体伤害的阉割。禁止侵犯他人的身体，因而禁止谋杀，让肛门冲动得以升华。最开始，这被移置到一些可改变形状的、用来剪裁和击打的物品上。这些被阉割的肛门冲动可以通过对物品和一些表象的塑形、破坏或者伤害来得到满足，但是绝不能在一个活着的动物或人身上这样做。

第五章

人类这一哺乳动物在精神上是一个和语言有亲缘关系，因而寄居在语言中的存在——迪迪耶（Didier）只说自己发明的语言

参与者：你经常提到的原初自恋父母究竟是谁？

多尔多：这是一些内部的父母，是活在我们每个人心中的父亲和母亲。正是由于这个原因，从其他人让我们的力比多潜力和能力在语言、创造和生育交流的方向上得到发展、受到教育时起，就没有人一定需要亲生父母的抚育了。人在生理上是哺乳动物，在心理上是和语言有亲缘关系，因而寄居在语言中的存在。

最初，孩子在和他人的关系中象征性地建构自身。当然，人类生物学上的哺乳动物功能也同样存在，但这一功能完全被

打上了语言的印记。毫无疑问，这是我们巨大的脑部和身体之间的不相称所导致的。

和其他哺乳动物相比，我们生物学上的成熟是相当滞后的，因为我们的大脑要到二十八个月、我们的骨骼要到二十五岁时才发育成熟。

其他哺乳动物一出生就直立了，并且马上可以觅食，而人类的孩子为了存活下去，必须绝对依赖于其孕育者或另一个确保其生存的活着的生物。

通过对照料我们的人所讲的语言的适应，活在我们每个人心中的父亲和母亲经由我们延续了下去。随之而来的是阉割的时刻。比如说，男孩子不能再任由自己走向心中的母亲，他放弃自己的女性气质，并将在外部，在他选中的女性身上重新找到它。这就是真正的俄狄浦斯情结：它是主体在内部经历的，是作用于主体心中的父亲和母亲，以及发射的（男性）和接收的（女性）功能上的。

这些元素构成了原初自恋，身体完全被卷入其中。身体自身既是发射的，也是接收的。但是按照各自的性别，每个人都会偏重占优势的那个方面，并放弃那个自身具备的但是属于另一个性别的方面，以便能和同年龄、同性别的人一起适应社会生活。

俄狄浦斯情结这一人类的内部过程，会因和母亲或者父亲的一些语言上的关系而变得扭曲，并以无意识乱伦的方式在孩子的性欲发展中产生固着。

这让某些人变成同性恋，同性取向在他们生殖—性的身体中占据了支配地位。我们同样知道，成人的这一同性性欲能在文化上实现最大的升华。当生育以及象征性的父母身份不能在生殖—性的层面上得以实现，人们就会在语言、文化和艺术的世界中寻找出口。

参与者：下面是迪迪耶的个案。他是一个五岁的小男孩，只用自己发明的语言说话。我听不懂他的话，怎么办呢？

多尔多：这是一个乐感很好的孩子吗？

参与者：是的。

多尔多：通常会是这样。这是一些乐感很好、很聪明，但是却被父母当作笨蛋的孩子。他们没有及时开始说话，但却能理解语言。人们曾对他们"絮絮叨叨"，却并不期待他们回答，也不管他们听懂了没有。这确实是一个适合做心理治疗的孩子，因为他们心中裹了一层又一层对于成人社会的负面态度。他们在听力方面肯定有天分，但是，我们却需要绞尽脑汁来教他说话。

这里面应该有个小弟弟诞生的故事。母亲没有把他当作老大，而是把他当作一个婴儿，对他说些"絮絮叨叨"的蠢话。

参与者：目前我主要是在他在场的情况下和母亲谈。

多尔多：你为什么会和他母亲谈？

参与者：不管怎样，迪迪耶都不想说话。

多尔多：即使在他母亲在场的情况下，你也不能和他建立起联系吗？这不是为了母亲，而是为了他，为了让他能有作为主体，作为一个有资格的谈话者的价值。应该让母亲保持沉默。如果她想代替孩子回答，就把你的食指放到嘴边，让她明白她不应该回答。宁愿不理解孩子的回答，也不要让母亲来解释他所说的话，或者替他回答。例如，你可以这样告诉母亲："如果你想表达什么，你可以写在一张小纸条上递给我。"并且这样告诉迪迪耶："我不想让你母亲说话。对我来说，你才是重要的。如果她想告诉我什么，她可以写给我。"如果母亲的确写了什么，你要念给孩子听。

参与者：但不光有母亲，常常还有祖父、祖母、小弟弟，说到底，有整个家庭！

多尔多：他们轮流来吗？大家不一起来吧？

参与者：有时是大家一起来。

多尔多：那么，就让大家都进来。这不重要，因为你可以要求大家都保持沉默。然后，你要清楚地告诉孩子："我不想让你的家人帮助我来理解你，否则，你不会进步的。"实际上，这是一个有很多东西要说的孩子，这些东西比我们告诉他的东西多得多。

参与者：对，他其实非常看重语言！

多尔多：当然，他更看重的是音乐。如果给他找个钢琴老师，你就会发现他的乐感究竟有多好。

他对词句和语言的形态不感兴趣。需要一些神经生物学家来给我们讲讲这个。这和大脑半球登录信息的方式有关。绘画或者笔触登录在这个脑半球中，颜色则登录在那个脑半球中。

同样，话语的音质在这个脑半球中被识别出，字形则在那个脑半球中被识别出。

参与者：这是一门他自己构造的有板有眼的语言。

多尔多：当然。这个孩子患有某种孤独症。借由这种孤独症，他会更多地通过音品和音调的变化，而不是通过意义和词语的编码来交流。

参与者：他的这种语言几乎都有语法了。

多尔多：当然！好好研究一下会很有意思。你会明白这个创造了另一门语言并寻求交流的孩子的无意识。

参与者：对，他说个不停。

多尔多：我有过一个和迪迪耶情况类似的个案。我不愿见这个孩子，什么也没干，只是建议父母给他找个音乐老师，并让他上学，同时采取一些预防措施，告诉老师他说话说得很好，但故意使用一种属于他自己的、别人听不懂的语言。还有医生给他做过检查，并诊断道，有一天他愿意的话，他会说得很好。在学校他说话说得很好，在家则继续用自己的语言来说话。他为什么要改变呢？毕竟这让他的兄弟姐妹很开心，而且他总能因此获得自己想要的东西。这是癔症性的，他所想要的一切就是让别人感兴趣。正是出于这个原因，我们应该尊重他。因为他有一些可被教育的独特个人品质：一种听觉的敏感度，以及对于周围环境情感的适应性。他被当作一个很有趣但并不重要的对话者，因此他也以同样的方式来对待家人。

很久以后，我才有了这个孩子的一些消息。在对他在家里说的这些暗语感到既好笑又迷惑的同时，父母放心地知道，至少他在学校是说话的。

在一次"绿色课堂"①之后，他就停止（在家里讲暗语）了。在那里，就像在家里一样，过的是集体生活。

最终，他的母亲做了一个精神分析。他的父母来见我，是为了要一个正音科医生②的地址。他们的医生介绍他们过来，觉得我能提供一些建议。确实，如果这个家庭把孩子带到（公立）医学—教育机构去做咨询，他可能会接受长达数月的正音矫正训练。然而只要不去上学，他就没有动力改变自己的语言，如果没有音乐，他就不能让自己的风格和听力上的聪慧得到承认，而这是需要被考虑的因素。

关于迪迪耶，你见过他的父亲吗？他和儿子说话吗？

参与者：见过。

多尔多：他讲了些有意思的东西吗？

参与者：是的，但是他不太在意，主要是母亲和母亲那边的亲戚们很担心。

多尔多：我不是说你不要见母亲，但是不要在见孩子的同一天见母亲。母亲可以为了她自己来见你，但在为了孩子来见

---

① "绿色课堂"是法国小学里在老师的陪同下进行的一种外出课程和活动，持续一到三周，主题常常涉及自然和运动（骑马、滑雪、行舟、探险等）。参见法文维基百科"classe verte"词条。——译者注

② 正音科医生是专科医生，主要针对儿童的各种语言障碍，以及成人后发音困难、口齿不清等问题进行训练和治疗。在法国，这一职业在1964年后正式获得国家承认。——译者注

你时，就需要闭嘴。此外，你可以要求迪迪耶来见你的时候，让父亲或者祖父陪着来。毫无疑问，这个孩子被一些只能谈论很无聊的东西的女人包围着，不被期待进入成人的语言层面。对他而言，成人几乎仅仅被一些女人代表了。

要让他"更像男孩"才行。

参与者：他从未被这个家族的女人们期待过。母亲也只想要女儿，男孩的降生每回都是一场灾难。

多尔多：你刚才说的这个棒极了！这个孩子很早就发现，作为有着男儿身的主体，他是没有说话的份儿的，不如像个女孩那样说些女人们想听的话。他更愿意做个天使，也就是说，做个不讲地球上语言的人。

这个天使说着和女人们不一样的语言，完全无视人类的语言。你作为一个女人，还能为此做些什么呢？

你必须见见他的父亲和祖父。他五岁了，不是吗？对于这个并非发育迟缓的孩子而言，这是俄狄浦斯期的年纪。这种奇怪的语言是他因为想要拥有母亲而玩的把戏。

参与者：你说的发育迟缓的孩子是指什么？

多尔多：就力比多发展而言，迪迪耶不是发育迟缓的孩子。他的表现很好。他让我想到另一个个案。最近，有人带一个非常聪明的小男孩来做咨询。按照他母亲的说法，在学校，他非跳级不可。

幸好，他们看的医生也是一个很好的精神分析家，马上问了一系列恰当的问题：他能一个人吃饭吗？能自己切盘子里的肉吗？能一个人洗漱吗？能自己给自己擦屁股吗？对于每一个问题，答案都是否定的。这位医生说道："除非他两星期以后再见我时，知道要怎么独自完成这些，否则我不会帮助他跳级。"也就是说，孩子要在运动机能上有所进步才行。如果没有这个医生，这个孩子会直接变成精神病患者，因为他在还作为母亲身体的部分客体时，就被送去上学了。

一个月以后，这个孩子学会了独自完成这些事。

要知道，一个孩子应该会做这些事。在孩子会说话以前，他就应该知道做所有这些。否则，他就完全进入话语的音乐性中，而与语言的社会性断绝了联系。

对于一个孩子来说，从五岁起，能对自己的身体需求做到完全自理，能不需要母亲，不再需要母亲的在场来满足所有（生理）需要，这是必不可少的。

参与者：正因为如此，在迪迪耶的个案中，在我看来，和母亲一起工作很重要。

多尔多：我同意，但最重要的在于明白情感上的不成熟要么被一种边缘化的语言所补偿，就像迪迪耶一样，要么被一种超常的学业上的智力所补偿，就像后面这例个案一样。

这是一些非常脆弱的孩子，以至于最细微的东西都会给他们留下创伤。

我有一个七八岁男孩的个案，他的母亲离不了他。当着母亲的面，我对孩子说，他应该在父亲的帮助下帮助母亲离开自己。有一天，她想同以往一样，和孩子一起进来晤谈，孩子直接把她关在门外了。

我觉得她正在等候室里哭泣，因此就和孩子一起去安慰她。我告诉孩子："这是因为你长得太快了，你妈妈没有对此做好准备，所以她很伤心。"他接话道："你知道的，妈妈，现在你应该要求爸爸再给你生一个宝宝。这样的话，你就又有八年（这是他的年龄）的时间可以打发了。"这个孩子的变化真是不可思议，他差点因为固着于离不了自己的母亲而成为一个无法无天的人。

在迪迪耶的个案中，他自己创造的那门语言让他始终和母亲连在一起，因为母亲是唯一能够听懂他隐语的人。这就是这个故事的本质。但这没做好学生那么严重，因为社会会让我们觉得好学生已经和母亲分离了。那可就真没辙了。

第六章

精神病患者是在寻找另一个自我，还是在寻找性的对象？——每个人都对另一个人有用——精神病患者无法想象的移情

参与者：能跟我们说说，另一个自我在对精神病患者的治疗中的重要性吗？

多尔多：另一个自我，就是一个和自己类似的他者，一个镜中的他者。借助它，我们感到自己是完整的；相反，当它不在的时候，我们就是残破不全的。这是个体感到另一个人在自己身上，因而不能完全成为自己欲望的主体的一种方式。当一个人像这样在内心深处喃喃自语时，是谁在对谁讲呢？我们每个人都熟悉的这一喃喃自语表明，对于人类而言，孤独是多么难以忍受。我觉得，孤独没有被精神分析充分地研究过，这是

一种导致变态的状态。

我们的许多心理构造都来自和我们每个人都身处其中的孤独进行协商这一迫切需要。毫无疑问，精神分析就是从这里诞生的。

参与者：更确切地讲，我想到的是那些始终在寻觅另一个自我的精神病患者们的经验。

多尔多：当然（你可以这么认为），但是我们并不知道精神病患者是在寻觅另一个自我，还是在寻觅一个性的对象。这个对象又是哪个时期的性的对象呢？这可能是他欲望的对象。从生下来有第一口气起，欲望的客体就已经在婴儿身上存在了。我们无法先验地知道一个精神病患者在哪个层面上寻找一个他者。他找的是他的另一个自我？还是说，他仅仅在胎盘的层面上寻找胎儿？寻找缺失的东西并不是先验地在寻找另一个自我，也就是说，寻找真正代表着这个窥伺着作为探索者的主体的缺失的那个他者。通过另一个自我，主体在窥伺着同一缺失的他者身上认出了自身。另一个自我是先验的，不管怎样都被看作和主体具有同一性别。从本质上讲，它并不是一个他者。

我们可以讲，另一个自我是一个生存的保证，而不是一个性的补充。它是用来对抗对于孤独的恐惧的。想象的或是遇到的另一个自我实际上应该和主体是同一物种，并处在力比多发展的同一水平上。它与那个由一些亲密朋友构成的辅助性自我（Moi auxiliaire）有区别，在这个意义上，它要早得多。然而有的时候，另一个自我的某些部分会被融入这个辅助性的自我。

寻找一个辅助自我的主体并没有像寻找另一个自我的主体那样，受到自己身体的想象的瘫痪性打击。为了巩固原初自恋，主体在现实中寻找和这一想象身份的相遇。如果那个被当作另一个自我的人有同样的需要，那么这两个个体的对子就在现实中建立起来了。这些处在对子中的人不自觉地彼此多少有点崇拜对方。这让他们对身体图示完成之前，或者不稳定、不成熟的原初自恋建立之前的经历提出质疑，那时已经有添补性欲的需要了。

寻找另一个自我的需要，可能是一种接近前精神病的构造。但是，可以确定的是，那些寻找另一个自我的精神病患者，比那些不寻找它的精神病患者病得轻一些。

因为那些不寻找另一个自我的精神病患者表明，他已经在身体内部知觉中找到一个他者的语言般的存在了。在这种情况下，对于精神分析家而言，移情的困难在于占据在病人身体内部说话的那个人的位置，也就是说，占据脏腑、肌肉、节律感和血液脉动等所有那些构成精神病患者的无形的他者的位置。

参与者：我认为精神病患者主要在寻找原初场景。

多尔多：当然，我们可以说，他寻找的是其原初自恋的保证。但这是在哪个水平上呢？

因为事实上，从孩子能够站立到他还不能口头表达，还没有获得完整的运动协调性之前，原初自恋都处在建构之中。对于那个想成为精神病患者的他者的人，也就是精神分析家而言，危险在于，他自己原初自恋的基础也会面临解离的威胁。

这一原初自恋整合了一些来自它我①的主动和被动冲动。

这让我想到，主动肌和拮抗肌的运作只有和谐一致，才能让我们的骨骼—肌肉组织得以运作。可以用一个画面来解释：一个有攻击性的精神病患者可能会和一个被动的彼者结合在一起；反之亦然，当他被一些消极的冲动推动时，就会和一个主动的他者结合在一起。

但是，不管是哪种精神病患者，在对其色情冲动的部分客体的窥伺中，这些色情冲动的被动面和主动面可能是可以分离的。和所有人一样，他们身上有着和一个完整客体相遇的需要，也就是说，和一个拥有语言的存在（说话的人）相遇的需要。

这也就是为什么，对于一个心理治疗师来说，既要作为语言的存在，又要作为精神病患者冲动的假肢是非常困难的。后者冲动的被动和主动攻击性的双重影响是被解离了的。

如果补充说，精神病患者所寻找的部分客体完全是精神分析家根据自己身体图示能抵达的时期之外的个人历史的另外一个时期的话，我们就会明白，给一个精神病患者充当他者，会让这个不是这个他者的人感到焦虑。

参与者：从根本上讲，所有这些难道不是仅仅涉及父亲的问题吗？在对精神病患者的精神分析中，困难在于，这会抵达一个这样的时刻：病人让你感到无比的孤独。正是从这个时候

---

① 精神分析基本概念之一，也常译为"本我"。——译者注

起，我们才意识到，没有"父亲"，我们是不能运作的。在我看来，只有在我们重新思考这一点的情况下，一个精神病患者才能以另一种模式重构自身。但是，对心理治疗师而言，这是一个极度困难的时刻，他理解到，自己之所以不是精神病患者，是因为自己选择了父亲的律法来逃避这一孤独。我们以自己这个主体被分割的代价，来让自己脱离险境。

多尔多：我觉得，你暗示的是拉康说的"父姓"和"父亲的律法"。在我看来是这样的。但是，当我们说到父亲的时候，我们说的是亲生父亲，还是那个不管实际上在不在场或是不是逃避责任，却曾经承担了父亲角色的人？精神分析家是这样的父亲的同侪吗？

我认为，那些始终固着于原初场景的精神病患者要求的是他的母亲的同侪。也就是说，在其个体存在之初，要求一些加诸被动欲望冲动之上的主动欲望冲动。

在我看来，这才是拉康所说的东西的根源。让我们回到早期主动和被动冲动的解离感上。这让一个在母亲肚子中待了九个月的孩子从一开始就变得脆弱。孩子诞生，首先是出于母亲想拥有他的需要，这也可能是父亲的需要，其次才是父母双方对彼此的欲望。

所有精神病患者最初的脆弱性的根源，难道不是其父亲或母亲想要拥有另一个未知的自我的欲望，因而孩子就在孕育期和出生后的几个月里承担了这一受崇拜之物的角色吗？

这是让人珍爱的另一个自我，还是让人焦虑的另一个自我？常常发生的是，精神病患者被当作他们父母自恋的必不可少的假肢。这个时刻的"父姓"和"父亲的律法"是什么？这位女士，你怎么看待这些说法呢？给我们说个具体的案例吧。

参与者：好吧，我想到埃里克（Eric）的个案。这是一个五岁的小男孩，在我工作的中心里，没有人想要接手他，他被带去看医生是因为他有个大脑袋。在第一年的治疗中，我没有管他，我让他在我的办公室里做他自己想做的，不做任何阐释。这让他获得了一种运动机能上的自主，能够自己穿衣服，自己撒尿，等等。

多尔多：好的。但我们想要了解的是你真正的态度。你表面上不管，但是你内心的态度呢？

参与者：那个时候给我动力的，是我对自己说，他需要在一个母亲的替代者旁边独自感受到自己，因为母亲把他裹得很紧，他没有办法做到在母亲旁边独自待着。因此，我决定不去管他。

多尔多：你想说的是，不要太留意他。

参与者：正是如此。

多尔多：对于他做的所有那些事情，你有什么感觉？

参与者：说实话，我没有太多的感觉。但是，到了年末，团队告诉我说，埃里克有了进步。我感到很迷惑，因为这是唯一一个我没有十分关注的孩子。

多尔多：实际上，你有一种不去知道、不去倾听、不去看的态度。在和他的这些晤谈中，你做了些什么？

参与者：我看书。

多尔多：你被一个作者，也就是另一个人的话语占据了！

参与者：就是这样。接下来，在来我办公室之前，他开始走进每一间办公室，打扰所有的人。有一个很长的对抗期，他倒空一些抽屉，把里面的东西都倒在地上。我越来越烦埃里克，最后对他说："我受不了你了，从此以后，将是一位先生来和你做治疗。"事实上，一位男士接手了他的治疗。过了一段时间，埃里克回来见我：所有的症状都消退了，他在学校里有了可观的成长。

多尔多：这就是你所说的征召父亲的律法！

参与者：我只是想说，仅仅身为一个女人，我没办法对他坚持立场，我更愿意告诉埃里克——就像温尼科特建议的那样——自己对他的感受，也就是说，对他的恨。似乎是这让治疗获得了成功。

多尔多：我不知道。我要说的是，女士，我个人并没有恨的经验。不管怎样，你说的这些证实了我几星期前接待一个小女孩艾琳（Aline）时的经验。我对她说："说真的，艾琳，我想应该停止和你的晤谈了，因为我看不出自己还能帮到你什么。对你的父母来说，每次从很远的地方陪你来，真是一个很重的负担。"他们住在外省。我觉得自己没有权力再继续和这样一个人一起工作。在我看来，她想把自己的精神病当作一种抵御更糟的痛苦的围墙保存下去。让我吃惊的是，艾琳听到了我和她说的，从那一刻起，就有些新的东西在她身上动了起来。但是，我不能说，我受够了。我只是不再知道自己在做什么，也不知道自己有没有权力继续。

参与者：温尼科特没有明确地使用"恨"这个词，而是使用了一个意思是治疗师受不了了的术语。

多尔多：那么，就是一种反感！恨、反感，这都是生理上的现象。我觉得，当我们感受到这些时，确实就不能再继续了……（沉默）嗯，我们在触及孤独这个主题之后谈到这些，这一点也不让人感到吃惊。

参与者（另一个）：事实上，在某个时候，在面对着一个没有任何欲望，不想从自己的精神病中走出来的人时，我们的感觉不是恨，更多的是惶恐。

多尔多：对，这是一种惶恐，也是一种伦理上的选项。我们有什么权力继续和一个分明想要得过且过（modus vivendi）的人一起工作呢？

参与者：我觉得不仅如此。对一个患精神病的孩子说出我们的惶恐，这让他一下子面对了他自己对于我们的无用，也就是说，打破了他满足他母亲欲望的幻想。

多尔多：对另一个人无用，这并不存在。每个人对另一个人都是有用的，否则他就没法活着。但无用感是存在的，它是围绕着一些肛门冲动建立起来的。这些冲动是一个关于用处，关于"这有什么用"的伦理的源头。

事实上，在作为部分客体的意义上，有些人表面看上去没什么用，但是在象征的意义上，通过他们的存在本身，即使在胎儿的状态下，这些人就已经非常融入社会了。瞧瞧那些体质虚弱的妇女吧，她们在怀孕的时候变得容光焕发。在这些情况下，胎儿是很有用的。

一个没有用的人是不存在的。他在某些事情上总是必不可少的，我们只是不知道是什么事情罢了。

我不把自己放在一个物质性实用的层面上，而是放在一个象征性实用的层面上。

重新回到埃里克的个案上。为了理解那个时候你不能带他走得更远的无能为力感，这个孩子是必不可少的。这并不意味着另一个人也做不到。在艾琳的个案中，我感到无能为力，要她和她父母（从很远的地方）来做晤谈让我感到痛苦。然而，我的态度却促使她动了起来。这能持续多长时间呢？我不知道。

精神病患者会向我们提出问题，直到我们自己无法想象的程度。他们向我们提出一切关于我们生命意义的问题。每个精神病患者都不一样，他们的移情发生一些无法想象的地方。因为对于他们中的许多人来说，我们承担着脐带、胎盘和血流的移情。这是一些不在人类的表象中的东西，但却是生命所不可或缺的。对于他们来说，我们是生命中不可缺少的一个部分客体，但是我们不知道是哪一个。因此，我们完全丧失了方向。该做些什么？该说些什么？我们焦虑地问自己。我想，应该把我们的惶恐告诉他们，用话语说出来，以便让一些曾经存在但我们没有觉察到的他所处的困境中的东西浮现出来。

如果我们能在这个时候说些什么，他们就能动起来，因为他们感到和我们是一体的。相反，如果我们不说那些我们感受到的东西，对于他们而言，我们就不代表着和自己话语一体的人。我们认同一个部分客体。此外，正是由于认同于一个未知的部分客体，我们处在了这一不舒服的状态中。你不这样认为吗？

参与者（另一个）：我觉得"我不知道我们还能不能继续治疗"这种说法，对那个我们向他这样说的人而言，意味着我们可以分开，彼此继续独立生活。"我，没有你也能生活；你，没有我也能生活。我们不是一体的，我们不是连在一起的，我们不是一个人。"

多尔多：是的，确实如此。

参与者：我认为，说点什么东西的决定对于一段时间以来就原地打转的局面而言，是能起到作用的。原地打转时，我们没能成功地和另外一个人建立起最低程度的交流，而缺乏这一交流就不会有精神分析的过程。

多尔多：在我看来，精神病的力量正在于精神病患者就像是他家庭中众多其他成员的不言（non-dit）的汇聚之所。你们明白吗？不是他在说话。例如，在埃里克的个案中，他并不是一个精神病患者，而是一个有性格障碍的反抗者。这个孩子在真正说"我"的时候面临着考验，这证明他并不是一个精神病患者。我想到几天前在一所儿童医院里发生的事。晚上大半夜，一个当天入院的一岁半大的孩子开始在病房里跑来跑去，跌跌撞撞地爬别人的床。护士受不了了，叫来了保安，保安又叫来了年轻的住院实习医生，要她给孩子打一针镇静剂。

这位年轻的女医生并没有这样做，而是把孩子抱在怀里，对他说："也许你是在到处找你的爸爸妈妈。我知道，这个时候你的爸爸妈妈正在家里睡觉，他们也想着你呢。你看，现在大家都睡了。但是，明天爸爸妈妈们都会来看他们的孩子。"孩子竖起耳朵听着这些。接着，她把孩子带到床上，他马上就打起盹来。护士低声嘀咕道："这可和打针一样见效啊。"（听众们笑了起来）

这个处在自己不能掌控的身体紧张状态中的孩子，在几分钟的时间，就变成一个没有思考能力的小奶头①了。他需要吮吸一些给他讲讲爸爸妈妈，讲讲明天，让他想象自己爸爸和妈妈正在睡觉或正在想着他的话语。显然，并不是通过教训他，甚至不是通过抱着摇摇他，让他在一个陌生人的怀里退行，就能解决问题的。

在这种情况下，我们原本很容易下结论说，这个孩子执拗地进行对抗，并挑战所有人。但是实际上，完全不是这样的。孩子自己就处在这个无法承受的，不能在身体中接受这些代表着睡眠的死亡冲动的挑战中。毫无疑问，这是因为他认为，一旦放松警惕进入睡眠，他的爸爸妈妈就不在那儿了——考虑到他在这个陌生的地方感到了迷失。

我用这个例子，是为了说明话语确实能够帮助到孩子，然

---

① 指他放松下来入睡了。——译者注

而成人却常常相信，孩子们之所以挑战他们，是为了满足一些和(生理)需要有关的请求。

产生连接并重新带来安全感的真正的关系，就是话语的关系，因为它来自那个对孩子来说代表着安全的人，或者那个对孩子谈到这个代表着安全的人的人。这一话语是不可被取代的，任何部分客体的满足或性感带的满足都不能取代它。

参与者：一个孩子不说话，是不是由于缺乏父母的话语呢？

多尔多：如果一个孩子不说话，这绝不是由于他自身语言的缺乏，因为语言已经在那儿了，已经在胎儿的生命中了。在我看来，需要问的是："对这个孩子而言，表达自己的危险是什么呢？"不过，我们始终应当尊重一个孩子对语言的拒绝。语言在一个孩子身上出现，不应当是为了讨好我们。如果是这样的话，他会成为一个胡说八道而不是好好说话的孩子。很多成人其实就是这样。可以确定的是，并不是说话，而是成为一个欲望的存在，成为一个独立于他人，尤其是独立于他的精神分析家的欲望的存在这件事，让我们变成了人。

我们的角色并不在于为某人欲望着某些东西，而是成为一个这样的人，借助这个人，分析者能抵达其欲望。当一个孩子不说话时，并不能通过我们的欲望让他说话。我们不知道这意味着什么。至少我不知道。你们中有人和我看法一样吗？

第七章

对女性性器官的否认——孩子的"一些秘密"——"大头"孩子及消化性智力——婴儿是一个让哥哥姐姐退行的模型——孪生孩子是胎盘的代表——对老年人的心理治疗

参与者：有个孩子在心理治疗中向我提了一些有趣的问题。一天，他对我说："脱掉你的衣服！"他很想看看我的裸体。我简单地回答道："如果你愿意，你可以画画我。"他的确这样做了，他画的我有两个乳房和一个男性性器官。

多尔多：这是对女性性器官的否认。为了让一个处于父性石祖①信仰中的孩子重获自恋，你可以这样说："我觉得，你可以问问你爸爸。他会告诉你，在他还是个小男孩时，他也不愿意相信自己妈妈没有阴茎。"通过让他认同父亲，他就能接受原初阉割。但是，我们不能用自己一本正经的知识来帮助孩子，否则就是在强迫他接受。如果他认同自己的父亲，他就能接受这个原初阉割，也就是说，接受男孩有阴茎但没有乳房这一事实。这是对男孩的阉割，但同样也是对女孩的阉割。因为在小的时候，女孩的乳房并不比男孩的大。

对于女孩来说，她们非常难以忍受母亲有两个乳房，父亲只有一个（阴茎）——还是在别的地方，而她们自己什么也没有。既没有上面的两个乳房，也没有下面的这个。

男孩也正是因为这个嘲笑女孩的。因此，女性心理治疗师在对孩子讲他们性的发展过程时应当提到父亲。比如说，我们可以对一个做了包茎手术的男孩子说："你爸爸觉得你还太小，没法给你解释。你做了手术，切了包着你龟头的一小块皮。这是为了将来你长大后能够很好地勃起。"可以通过画画或者捏胶

---

① 在拉康派精神分析理论中，"石祖"是一个非常重要的概念。其原意是一些原始族群塑立的阳具式雕像。这些雕像所要展现的并不是阴茎或阳具本身，而是它们所代表的一些东西，比如说父性的力量、权利、欲望及享乐。拉康解释说："在弗洛伊德的理论中，石祖既不是一个幻想（想象的产物），也不是一个部分客体（内在的，好的，坏的），更不是一个真实的器官，如阴茎或阴蒂。"（《石祖的意义》）拉康把石祖作为弗洛伊德的原初压抑的客体。我们应该在这个意义上理解拉康的如下断言："石祖只有戴上面纱才能扮演它的角色。"——译者注

泥的方式来和孩子一起弄明白这个器官的构造，弄明白什么是包皮手术。

你也可以这样说："如果有人想要损伤你的阴茎，而不是让它变得更美的话，你父亲肯定会杀了他。"所有的小男孩都会对此表示同意，因为正是阉割的威胁让他们的性器官变得如此宝贵。

一个曾在某非洲国家长时间生活的人告诉我，一个不戏弄孩子，不吓唬孩子别人会割掉他的小鸡鸡，并通过这种方式来和小男孩谈论性的成年人，是不会被看作喜欢孩子的成年人的。

"假装要割掉小鸡鸡"的幻想让阴茎有了价值。

这并不令人感到吃惊。由于阴茎不时勃起，小男孩会注意到，尽管勃起会消退，尽管有时表面上看像是被阉割了，但之后阴茎会重新勃起。他完全同意我们给他讲讲这一（阴茎勃起）消失的现象，然后更骄傲地勃起。

割包皮手术一旦清楚地得到解释，就成了父亲赋予自己儿子性器官重要性的标志。这是一个勃起的尊严和人性化的标志。

相反，母亲们在和她们的男孩说到他们的水龙头和小便时，会使用一些功能性的词汇来物化性器官。性器官是鲜活的，表达了一些和欲望有关的兴奋和冲动。水龙头则没有欲望，是被别人操纵的东西，只有排水因而也就是排尿的功能。当孩子到了两岁半、三岁，就不能再由着母亲这样说了。这是一个孩子在勃起时不再能排尿的时期。

是一些合适的用语赋予了孩子对自己性器官的确切理解。

参与者：我目前在接待一个八岁的男孩热罗姆（Jérôme）。他是被妈妈带来的，因为他在学校成绩很差，在家里很有对抗性。从第一次晤谈开始，他妈妈就对我讲了很多热罗姆小时候的事。第二次谈话时，他父亲来了，给我讲了他自己的童年。他从未在热罗姆面前说过这些。在接下来的晤谈中，热罗姆要求母亲讲讲她的童年，然后讲讲他的弟弟，等等。

我觉得很尴尬，因为在向热罗姆提议做一个心理治疗后，他立刻问我会不会告诉别人他的秘密。我不知道自己是不是应该继续接待他的父母，不知道应该什么时候开始和热罗姆一起工作。

多尔多：热罗姆确切地告诉过你他因为什么感到痛苦吗？在我看来，他明显认同自己的母亲，后者实际上开始和你做心理治疗。他在和母亲竞争。

有些孩子，他们之所以做心理治疗，或者学音乐、学跳舞、学其他什么东西，是因为有兄弟姐妹在这样做。热罗姆和他们一样。

参与者：对。那这个关于秘密的问题呢？

多尔多：你真的认为，有必要为了说点小秘密而做心理治疗吗？是我的话，我会问他："你不能向妈妈讲讲这个秘密吗？也许，你可以和爸爸说说？"如果这是一个让他感到不幸的秘密，就告诉他："为什么你不能守着这些秘密，或者告诉你的一个伙伴呢？为什么一定要告诉呢？这个秘密有什么问题吗？"在这种情况下，大多数人想让你知道某一秘密的原因其实并不在于秘密本身，而在于他们不能保守秘密。我们很清楚，在童年的某个时期里，所有的小孩子都会在你的耳边轻轻说些悄悄话。他们所说的常常没什么大不了的。这不过是一个避开其他人，单单向你一个人说点什么，借机和你亲热的借口罢了。

宠物可以成为秘密的掩埋所，精神分析家不行。作为治疗师，我们要思考：为什么孩子向我讲这个，目的是什么？也许是因为热罗姆觉得既然妈妈给你讲了一些秘密，那他也要讲。啊，原来如此。

参与者：最近，你提到一些如果被过早送进学前班就有可能得精神病的孩子，因为他们会像鹦鹉学舌一样学东西。

多尔多：我只是说，在某些情况下，对于一个孩子来说，仅仅异化为一个大脑袋，拥有鹦鹉似的言语智力，是很危险的事。

这一智力仅仅是消化性的，因为我们在学校用到的只是口腔和肛门冲动。一个还没达到生殖—性和俄狄浦斯期水平就去上学的孩子，在情感层面上完全是幼稚的。

这对一些孩子而言很危险，可能会使他们变成精神病患者。如果他们在学校成绩好的话，他们的精神病会到青春期才爆发，因为他们是在前俄狄浦斯经验的基础上度过青春期的，他们甚至没有性的观念。在这个时期，有些人患上了孤独症，或者我们所说的精神分裂症（la démence précoce）[①]。他们受到

[①] 19 世纪中晚期及 20 世纪初期精神病学界所使用的一个术语。克雷佩林（Kraepelin）借莫尔（Morel）所用的术语，指称一组早期发生的、可导致缺陷的精神病，与有可能缓解或治愈的情感性精神障碍不同。1909 年，布洛伊勒（E. Bleuler）建议改称精神分裂症。——译者注

针对自己身体的肛门攻击性（冲动）的迫害。他们谵妄地认为有人在不断找他们的麻烦，并且把自己的性欲投射到另一个人身上，因为他们从未接受自己有一个性器官的事实。在那之前，他们是成绩很好的学生，但突然间，他们的学业完全崩溃了。

但是，他们可以继续在一些科目上表现得非常出色，尤其是数学，因为他们发展出一种逻辑性的智力，也就是说，一种始终二分的肛门智力。真/非真，真/非真。生殖—性（智力）却永远不是真/非真：占据了重要位置的感情始终在一个意义上是真的，在另一个意义上不是真的。必须让想象活跃起来，并且有一些让肛门和口腔冲动为文化服务的活动。

只有在文化中，他们才能表达那些被压抑的东西。

所有那些看、听、触碰、玩耍以及身体灵巧所带来的部分快乐冲动，对一个开始上学的孩子来说都是非常重要的。正是由于这个原因，在我看来，在学校里最重要的是发展音乐、舞蹈和艺术，而不是头脑中的知识。

打比方，小孩子滑旱冰时的灵活的身体比学业更重要，避免了孩子们变得只有脑袋没有身体。

幸运的是，目前有一种生态学的思潮，主张让孩子出去散步，激发他们对自然、宇宙、植物、矿物、动物的兴趣，并让许多在学校里完全没有被用到的冲动得以升华。这不再是知识，而是体验。当我们拥有好奇心时，知识不过是生活的一小部分。

学校不能满足孩子真正的好奇心。但是，通过教会他们阅读和书写，学校使他们有能力在学校以外为自己的好奇心寻找答案。当然，前提是父母不要太执着于学业，要在白天以及假日给孩子留些时间。

今天，学业成为父母的一种强迫症式的忧虑。对于孩子学习的学科，许多父母其实一点也不感兴趣，仅仅要求结果。父母需要"吃"一些好成绩，因此，孩子的大脑中就有了这样的认知：好成绩，奖多多；坏成绩，打多多。

所有这些都在一个纯粹消化性的模式中进行，该模式在今天是主流。

参与者：面对一个之前完全正常，但在另一个孩子出生后就开始退行的孩子时，该怎么办？

多尔多：这恰好让我想到一个三岁大的男孩保罗（Paul），他经历了妹妹出生的悲剧。这个孩子突然变得有攻击性，没有耐心。他因为强烈的嫉妒而感到痛苦，但也幸亏如此，因为这些痛苦带来了好的事情：它让他学会掌控自己的攻击性。他感到很后悔，因为无论如何，他还是很喜欢自己的小妹妹的。可他又不能真的爱她，因为对他而言，爱她就是要认同她，也就是认同自己还是小宝宝时的样子，更何况这是一个异性的宝宝。

和其他人采用的发展模式相反，对他来说，这个小婴儿奇异地代表着一种倒退的模式，并对他产生了退行性的影响。当孩子爱自己父母时，后者意味着他自身成人的样子，但当他爱一个小宝宝时，后者意味着他自己过去的样子。因此，在小孩子的逻辑中，这个宝宝是危险的，必须通过挑衅他来保护自己。必须摆脱他，不在意他，必须去闹腾他。心理治疗师的工作在于告诉孩子，这个宝宝没什么意思，他爸爸小的时候也不觉得小宝宝有意思，而他已经是个大孩子了。

如果因为孩子的态度始终不被父母理解而导致这个难关没被跨过去，这一阶段就可能成为一些严重障碍的源头。孩子会感到自己在为正常地活着而受到指责。

因此，在妹妹出生后待在产科病房的头三天里，保罗的手臂动不了了。他的父亲不得不给他喂饭。为了整合这个新来的人并且去爱她，保罗退行到一个自己早先的身体意象上。

当她们患精神病的孩子痊愈时，也正是同一个机制给母亲们带来了非常多的难题。

参与者：我们可以在分析中同时接待，尽管他们有着不同问题的孪生子吗？

多尔多：孪生子是胞衣、胎盘的代表。他们不能像其他孩子那样以同样的方式来和胎盘告别，他们彼此既代表着胎盘，也代表着父母（交合）这一原初场景。通常能观察到的是，从小学最后一年开始，当孪生子中的一个因为学业上的问题接受治疗时，他此前都是好学生的孪生兄弟的学业在接下来的几个月里会受到影响。在那些不是孪生子的孩子身上，我们能注意到同样的事。也就是说，在那些年龄相差十二个月到十五个月，一起被抚养长大的孩子身上，在弟弟或者妹妹出生时，老大刚开始走路或者还在喝奶的孩子身上。

例如，两个不是孪生子的孩子中的一个发展得不是很好。如果我们单为他做心理治疗，另一个此前发展得很好的孩子就会开始出现问题。幸运的是，这常常只是暂时的。当其中一个孩子在外人的帮助下变得独立自主时，这会完全打乱另一个孩子的平衡。如果是同一个心理治疗师接待他们，他会被当作胎盘。你们现在明白了，为什么他们应该为了自己而去见不同的治疗师。

你们可能会问：为什么在一些民族的神话中，城市和国家是由孪生子建立的？在非洲、欧洲、亚洲，这样的例子比比皆是。这是因为我们所有人最初都是孪生子，都构成了和胎盘的孪生关系。

我们在临床工作中，常常会看到一个主动的孪生子和一个被动的孪生子。这也许可以被这样的事实解释，即在冲动的经济学中，其中一个更多地表达了被动的冲动，另一个更多地表达了主动的冲动。一个成了女孩，另一个就成了男孩。这是种拥有二分的自我的方式。通过这些借助于另一个孪生子才能承担的冲动，孪生的个体在面对他们的母亲时人为地变得独特起来。

你们读过南美的一项关于双胞胎、三胞胎和五胞胎的研究吗？在他们出生时，他们的父亲把他们分别交给不同的保姆来带。孩子们只在假期中见面。几年以后，无论是在智力上还是在身体上，他们都变得完全不一样了。

孪生子肯定是一个教育的问题。也正是出于这个原因，那些假孪生子也会出现类似的障碍。

参与者：我们能在心理治疗中接待老年人吗？

多尔多：只能在心理治疗中，不能在精神分析中。要知道，对老年人的治疗会在他周围人身上产生难以预料的影响。

我和一位七十九岁的女士有过一段这样的经验。十年来，她整天对她的家庭成员絮叨他们彼此之间的事情。

在一些家庭中，这导致了很多没完没了的争吵。这位女士备受折磨，因为她和自己孩子的关系变得令人窒息，以至于孩子们都避免见她。

她就是在这种抑郁的状态下来见我的，并相信自己将被迫去养老院。事实上，她没有什么问题，只是需要和人说说话罢了。她很快开始做一些非常生动的移情的梦。在这些梦里，我是年轻的妈妈，而她这个在现实中差不多残疾了的老妇人是小孩子。她梦到一些童年的回忆，以及一些男男女女的气味。有一次，她梦到去摘香豌豆（des pois de senteur）——居然还梦到脚的气味！在这个能指中，脚（pieds）当然意味着窥伺（épier）。

我和她一起分析了"窥伺"这个词。我向她解释说，在从其他兄弟姐妹那里听到由她传过去的发生在自己生活中的一些小事后，她的孩子们感到被窥伺了。

然而事实上，由于太担心也太爱孩子们，除了那些让她感兴趣的东西，也就是说，除了他们的家庭生活逸事，她不知道要和孩子们说些什么。

她很快重新开始生活，充分享受春天，她的孩子们也开始回来看她。整个家庭都围着她调整，每个人都重新找到了自己在家庭中的位置。这就是这位女士两周一次，和我做了三年心理治疗的结果，虽然并没有解决掉移情。

我不得不继续和她一起工作，直到她死。我拉长了晤谈的间隔，但她每次打电话给我时都会说："你不能这样对我！"我想，在治疗的终结上，我也许失败了，但是我们作为老年妇女的关系却非常好。

在我们晤谈之初，我和她商定了每次一百二十法郎的价格。让我吃惊的是，她每次都提前准备一千二百旧法郎[①]！在两次晤谈之间，我会收到一打非常漂亮的玫瑰作为报酬，以至于我家的钟点女工——也有一定的年纪了，把她称作"玫瑰女士"。这让老人非常高兴。

我等了好几个月，才等到她开始谈自己很难理解新法郎。这曾导致她和孩子们之间的一些争端。孩子们在帮她记账时，会定期收到一些商人拒收的支票[②]。在她谈起这个问题的那天，我笑着对她说，我也发觉了这一点。她感到很迷惑，但晤谈间的这些玫瑰花表明，她是真心付款的。我对她说，这才是更重要的。

经过这次晤谈，她开始理解新法郎是怎么一回事了。这一百二十法郎应该就是她所说的一万两千旧法郎。在开始治疗后的第一个春天，她对我说："真的很特别，我有十五年没见过春天了！""为什么是十五年，而不是十七年或二十年呢？"我这样问自己。

后来我才明白，这十五年对应着到现在为止，她最小的孩子

---

① 第二次世界大战以后，法国发生恶性通货膨胀，于 1960 年发行了新法郎。新旧法郎的比率是 1∶100。因此，这里的一千二百旧法郎相当于十二新法郎，即约定价格的十分之一。——译者注

② 在法国，可以通过现金、信用卡和支票的方式进行支付。商人拒收支票意味着票面上的金额不对。——译者注

离开家的时间。

她的抑郁消失了，但相应地，她在接下来一年多的时间里总是感到很疲劳。

目前，她似乎对另一个带她去听歌剧的人产生了潜在的移情。这并不意味着她结束了对我的移情。应该说，当我们年老时，日子会变得很艰难，因为我们的朋友已纷纷离去。她现在过得不错，常做很快乐的梦，尽管会在梦里见到那些已经去世的朋友。她说，就像这样，她和那些已经逝去但又被她重新复活的朋友们度过了一些愉快的夜晚，就像他们都还活着，都还在她的身旁。这一切好到我可以说，在她的移情中，我代表着所有那些她认识的人，并且是她年轻的妈妈。

就像她的孩子们说的那样，她能活一百五十岁。

凭借治疗，她重获心理健康。这让她能每天和所有人有着活跃的交流。①

---

① 对那些住在养老院里的需要做心理治疗的老人感兴趣的读者，我建议你们读米歇尔·达西（Michèle Dacher）和米其林·温斯顿（Micheline Weinstein）的《路易斯的故事》（*Histoire de Louise*）（Seuil 出版社，1979 年），并咨询国际老年精神分析协会。这个协会位于巴黎五区布朗宁街 40 号的社会—医学—心理中心（CMP）。

第八章

说双语的孩子的俄狄浦斯期——语言是个乱伦的孩子——小女孩身上阴道和口腔的对等

参与者：对孩子来说，他们的私人语言和社会语言有怎样的重要性？

多尔多：我要讲讲一个生活在法国，来自一个讲希伯来语和英语的家庭的小女孩伊莎贝尔(Isabelle)所遇到的问题。

尽管他们能说法语，但在家里或者和朋友在一起时，她的父母始终都说英语和希伯来语，从不说法语。

伊莎贝尔能流利地说这三种语言，但是只和钟点女工说法语。这是家里唯一说法语的人。有天，她全家和处在同样语言情景中的朋友及他们的孩子一起在海边度假。

孩子们回到沙滩上，向他们的母亲讲述下午发生的事情。

他们是兴奋地用法语讲的，伊莎贝尔听到后，就问妈妈："可以和爸爸妈妈说法语吗？我们有这个权力吗？我还以为这是不被允许的呢，以为如果说法语，就不是我们家的人了。"她就这样向父母透露了如果她不和他们说希伯来语或英语就会被从家里驱逐出去的想象，这让她的父母目瞪口呆。

一起度假的孩子在这里扮演了"辅助性自我"的角色，让伊莎贝尔能够认同他们，因为他们处在同一情景中。

此外，她有很多拼写和算术上的错误，这让她在班上表现得不好。母亲设法帮她，但没什么效果。因此，我建议父亲通过说法语来解决女儿作文和算术的问题，因为他自己写东西和计算都是用他的母语希伯来语。从这个时候起，伊莎贝尔的拼写就正常了，算术问题也消失了。

实际上，对她而言，用法语做功课，同时知道父亲在一旁用希伯来语进行心算，就相当于和父亲分离了。重要的是让父亲参与其中。由此，她就可以用法语来学习，同时保存自己的女性气质。①

这个例子向我们表明，社会的语言（在此是法语）首先会让伊莎贝尔感到有和父母分离的危险，其次会破坏她对父亲的俄狄浦斯情结，因为她不是用父亲用的语言来学习的。

每次我去她家，伊莎贝尔都会把所有那些我刚刚留在门厅

---

① 她的这些口腔和肛门冲动因此就能被阉割，并通过一些移情的部分客体——在这个情况下，是她的学业——来和父亲进行交流。

里的东西，大衣、雨伞、帽子、手套，以及她的一些玩具和所有她手上可以拿的东西拿给我。她的母亲很吃惊地告诉我，她只对我一个人这样做。那时，我还不明白，她和我一起做的这种物品往来是一种召唤着词语的语言。她要我给每一个物品加上一个法语名称，因为我是为数不多的和她母亲讲法语的人之一。

如果我当时就在她要求的这个意义上做出反应，很有可能会更早让她在和父母的关系中使用法语。她只和家里的钟点女工说法语，她知道后者是被雇来给母亲帮忙的。这（和我）并不是一回事。

孩子能清楚地感到认同的差别："如果我认同家里的钟点女工，我就不会有父母之间，或者他们与别的大人之间的那种关系。"

也就是在这个时候，孩子心里开始产生对家庭身份的意识，并逐渐牢固起来。这是不可避免的，也是必需的。如果这一过程不像这样启动的话，就会以另一种方式进行，因为孩子的抱负在于认同那些他觉得激发了父母欲望的人。

当孩子觉得父母正投入一场非常热烈的谈话时，他以后想要拥有并复制的也会是这一语言风格。

存在被语言代表的一个石祖般的理想，它表达了父母的欲望、快乐和兴奋。这一点的证据是，如果留意，你们就会注意到，在父母当着孩子的面和其他成人说话时，孩子常会默默地模仿父母说话的样子。他们不知道成人说的是什么，但却想要和父母，而不是那些和父母说话的人的情感合奏。

孩子和父母一起进行的部分客体的所有这些往来，所有指示着这些部分客体的话语，所有这些行为、动词，所有这些构成了语言的东西，以及归根结底，所有和父母欲望的关系，产生了一个结果：通过语言进行的交流。不可否认的是，语言是一个孩子和父母一起生下的孩子。因此，语言是乱伦的产物。但它又不仅如此，因为我们可以用同一种语言和其他人进行交流。

另一点需要补充的是，语言同样引入父母和社会其他成员，让他们成为孩子的"辅助性自我"，但同时还是需要保留和父母的欲望关系。因此，升华了的口腔冲动应当继续和父母互动，以便产生语言这一成果。语言自身并不是如此被升华的。

当想要吃的或者别的什么东西却又要不到时，孩子会不断坚持，直到触及一个禁止。这时，他完全处于色情化的状态，因为他这样做是为了自己，而不是为了一个社会化的目的或者情景。我们绝不要忘记，即使在升华了的口腔冲动和肛门冲动中，也始终存在"一团火"，一团乱伦的火。

我们只有通过那些讲几门母语的孩子，才能很好地理解这一点。后者的情形表明，父母彼此之间讲的语言就是俄狄浦斯期的语言。如果孩子在另一门父亲不使用的语言中进行社会化，将会导致孩子与父亲关系的完全阉割。

在法国，一个孩子学写字、数数、计算，是为了那些"说法语的先生们"，而不是为了那些讲另一门语言的先生们。

在伊莎贝尔的个案中，父亲必须展现出他用法语计算和书写的能力，这样才能让伊莎贝尔觉得自己同样有权力这样做。

这就是一些法国父母和孩子之间发生的不易被觉察的小插曲。

参与者：但实际上，很多法国父母从来不管他们孩子的学习。那么这些孩子是如何建构自身的呢？

多尔多：这取决于学校的男老师和女老师，但并不是说这样一来就没对父母的俄狄浦斯情结了。他们最终会在一个同性恋的关系上建构自身。按照孩子的性别，按照针对的是父亲或母亲，这些早期冲动一直是异性恋或者同性恋的，而那些生殖—性冲动只和老师们一起经历，因为只有这样才有可能在与文化与知识的关系中产生成果。

我要举一个这类的临床案例。在这个案例中，一个十一岁的男孩为了向父亲表明他既不比父亲优秀，也不和父亲程度相当，似乎就在生殖—性发展中倒退了。我是在1941年接待这个男孩的。乡镇学校的老师让他上国立中学的初一。这在那时是一种晋升，因为他们认为这个孩子智力超群，不该待在乡镇学校。这个孩子开始上英语课。在第一次把英语书带回家的当晚，他尿床了。由于几个月以来这个症状频现，他被带来见我。

无论是从父亲的角度，还是从孩子的角度来看，这一社会层面上的晋升都是一个创伤。在和父亲谈话并具体了解到孩子上初一时发生了什么以后，我明白了父亲的恼火。他看到儿子独自在学英语，而他自己作为一个聪明人却没有任何用处，一点也帮不到孩子。

尿床的症状是这个孩子借用的一种手段，用来对父亲说："我既不比你优越，也没赶上你，我还是你的小男孩。"在这个案例中，晋级上国立中学会破坏儿子与父亲之间的亲子关系。这是一种危险的社会语言。更何况母亲为自己儿子将要成为一位绅士而感到自豪。在这种情况下，比起要和孩子一起做的工作，对父亲的精神分析重要得多。

幸运的是，孩子出现了这一触及泌尿系统的症状，因为正是凭借这种求助式的呼唤，父亲察觉到了自己嫉妒背后的沮丧和自卑。他曾为儿子感到非常自豪，他自己过去的学习能力也很强，但现在却要通过后代来实现自己的理想。他没有觉察到自己担心在被孩子超越后失去做父亲的尊严。

儿子对这一社会层面上的晋升做出了反应，就像社会打破了乱伦禁忌。通过对父亲未曾掌握的语言的学习，他引诱着母亲，并阉割了自己的孕育者。就好像在他的想象中，文化具有性的价值。

重新回到伊莎贝尔的个案上来。她有个小妹妹，当后者到了开始说话的年龄时，在家庭钟点女工在场的情况下，伊莎贝尔和妹妹说法语；在母亲在场的情况下，她和妹妹说英语。

在场的成人成了一个同性别的辅助性自我。也就是说，伊莎贝尔好像成了自己长大后想成为的女人。因此，她用那个在场的女人的语言来和妹妹说话。也就是说，希望小妹妹把她当作在场的大人，来抢占这个成人的位置。

这是一个同性竞争的案例，这一竞争是俄狄浦斯情结的正常组成部分。两个女孩现在都长大了，她们彼此之间说法语。当去她们家时，我曾亲耳听到她们用法语交谈。当着我的面，如果其中一个想向母亲告另一个人的密，她就用英语，因为她知道我不太懂英语。这确实是她和母亲之间的单簧管（parte）："我刚刚说的是妹妹/姐姐让我很烦，这是我们之间的事。"

当父母和客人们正在谈话，孩子跑来和父亲或者母亲说点什么时，也是一样的：这不是一种社会语言，而是孩子和他的监护人之间，按照后者的不同功能所使用的具有排他性的二人语言。这种语言的关键之处可以被解读为："我和你说的这个，你不要告诉别人。"

在我看来，在精神分析中识别出孩子在和不同的人说话时，或者他不想让别人参与一个二元交流时所使用的编码，是非常重要的。

在晤谈中，你们有没有注意到，有些时候孩子会叫你们妈妈，并在极少数的情况下叫你们爸爸，特别是当你们是女性的时候？这之所以会发生，是因为你们是一个移情的对象，因此你们能明白他正在向你们移情的东西，以及他把你们移情成谁。

他们在表达自我不同的侧面。他对自己讲的话的责任感会根据说话对象的不同而很不一样。他会向某人说东，又向另一个人说西。成人有时不也一样吗？根据不同的对话者，交流是通过自我的某一个面，在忽视其他面的情况下进行的。确实应该一个字一个字地倾听孩子们说的话，以及他们通过说话所要表达的东西。因此，当一个孩子向你们讲述一些想象中的，更多是"为了流泪"或者"为了开心"的事情时，应该坚持让他使用另一种表现形式，也就是说，让他们通过绘画或者捏胶泥来表达那些他们刚刚讲的东西。

你们可以借机提个问题："这是真的呢，还是开玩笑的呢?"这样一来，孩子就会告诉你答案。它们有"真的是开玩笑的""真的是真的"，以及"为了开玩笑而开玩笑的""开玩笑的却是真的"等细微的差别。应该这样和孩子说话，否则你永远不会知道自己面对的是幻想还是现实，尤其是在面对一些有关性的经历时。只有通过细节和讲述的方式，我们才能够辨认出这是真的还是假的，没有其他的办法。

如果事件真的发生过，孩子会用一种完全原创的叙述风格，给出一个任何人都不会想到的现实描述。我脑子里模模糊糊有一个关于性引诱场景的案例。比如说，孩子反复讲到"一个真的是真的"的场景，其中有一些非常现实的观察，和当时的色情场景没有任何关系。我不太记得了，或许是对一个小事件的描述："我的裤衩让他不舒服，他就说：没关系，我们可以撕烂你的裤衩。我感到非常尴尬，就把它藏在灌木丛里了，为了不让妈妈找到。"

对于这个孩子来说，这只是一个"因为裤衩挨骂"的故事，和性引诱场景没有直接的联系。她并没有真正意识到究竟发生了什么。

就是凭借这样一些小细节，我们能够知道这件事是不是在现实中发生过。对于孩子而言，如果有欲望，对他来说就是真的，但这对于他提到的那个人来说并不一定是真的。

要区分一个在幻想中掺杂了一点现实的孩子，和一个在谈论现实时掺杂了一点这类幻想的孩子，是非常困难的。

参与者：你能再深入谈谈女孩身上阴道和口腔的对等及其后果吗？

多尔多：对于女孩来说，阴道和口腔是连在一起的。我们能在心理厌食症中找到这一痕迹，也能在下面这类案例中找到：一个祖籍加拿大的性冷淡、阴道痉挛的年轻女孩，和一个她非常喜欢的法国人结了婚，却不能和他在自己的受孕期发生性关系。为此，她开始和我一起做分析。她是在一个特别严格的基督教教派里——我想是福音教派，被一群女人（祖母、姑婆、姨婆、堂表姐妹）抚养长大的。父亲因为工作的关系经常不在家。家里不太好玩，经常要做斋戒。对于斋戒，是绝不能开玩笑的。家庭成员也都默认不应该表露出丝毫的快乐。尤其是在餐桌上，没有人有权夹第二次菜①，即使这道菜是用鱼肉做的所谓斋戒期的菜。

这让我的病人感到非常沮丧，因为她酷爱吃鱼。有一次，

---

① 法国一般采用分餐制，每道菜都按照个人的需求被大致分到各自的盘子里。遇到觉得好吃的菜，或者没吃饱时，可以再自行取用。没权第二次夹菜是非常严苛的做法。——译者注

她不幸表现出自己特别喜欢一道用鱼做的菜，其他女人立刻决定，在斋戒日里只吃她不喜欢吃的那种鱼。

但是，她从未批评过这些态度，她只是向我讲述自己接受了怎样的教育而已。有天，在晤谈的最后，她迷惑地对我说，有个梦她已经做两次了，但没告诉我是什么梦。在接下来的三次晤谈中，她都在围绕着这个梦打转。突然，她对我说出了这个梦：她喂自己的阴道吃牛排，就像给野生动物喂食一样。

下一次晤谈时，她宣称自己完全被治愈了。她把这个梦说给丈夫听，后者幽默地回答道："比起那些用来喂野生动物的肉。我可是一块更好的肉，你就是我的雌老虎。"就这样，她在三个月内痊愈了。

对她来说，所有那些围绕着一个口腔禁忌的经历起作用的东西都被移置到了阴道上。

在这里，我们能看到一个关于被剥夺了一切快乐的口腔的典型的例子。她不得不认同于野生动物的嘴，这样才能允许自己和一个深爱着的伴侣在文明的层面上"粗野地"活着。

这一从口腔到阴道的移置在女性身上很常见，因为这是一个欲望——被禁止的欲望——的开口，一个许诺着生育和快乐的开口。

对于这个女人而言，这种对口腔快乐的禁止曾经也禁止了自己和丈夫发生性关系并有生育。

她不能认同这些女人。她们在面对本可以让自己获得快乐的食物时露出轻蔑的表情。此外，我觉得，当在分析中生平第一次问自己母亲是否在性关系中获得快乐时，她就有了一个领悟。

她是一个独生女，在那以前，她始终带着厌恶地认为，母亲和父亲发生性关系不过是屈从于父亲，尽夫妻义务而已。

这个案例清楚地展示出，梦中的这一野蛮行为表明了对于一个完全没有进入文明的阴道的认同。后者处于完全的抑制中，必须首先经历这样一个看上去满足（生理）需要的野蛮状态。因此，在梦中，她用有着强烈（生理）需要的野生动物的意象作为中介。这是为了接下来能够接受这一真相：这涉及的恰恰是欲望。

第九章

一个致命的相遇的例子——惊厥：一个缺乏话语的冲动的过度兴奋——即使在昏迷中，主体也能接收到讯息

参与者：有位年轻妈妈来找我咨询，担心自己的孩子患上了精神分裂症。她是一个人来的，并且立刻谈她自己以及一些夫妻关系上的问题。她几乎没有说到孩子。她曾经是护士，在快要完成学业时遇到了未来的丈夫。后者始终拒绝用她的真名西蒙娜（Simone）来称呼她，坚持叫她玛丽-皮埃尔（Marie-Pierre）。他还强迫她放弃自己的职业，建议她学心理学。

在她（学心理学）第一学年的期末，他们结了婚，有了一个叫弗朗索瓦（François）的孩子。她就是为了这个孩子来向我咨询的。

西蒙娜当时只是告诉我，弗朗索瓦给她带来了很多问题。

他生下来就多一根手指，髋关节也有一点异常，就像他的父亲和外公。他的头皮上有一颗痣。

她觉得弗朗索瓦精神发育迟缓，甚至患有精神分裂症。

我问她为什么这么觉得，她只是回答我说他不太好，曾有脑部疾病。她没有说更多。

走的时候，她神色惊惶。

弗朗索瓦那时三个月大。

接下来就没有消息了，直到三个月以后，她哭着打电话给我，焦虑得发狂，告诉我她一定要见我，要对我说说弗朗索瓦。

我让她带着孩子一起来见我。她用一个儿童可调节座椅(un baby-relax)背着儿子来了，这让我有点吃惊，因为弗朗索瓦才六个月大。[①]

我直接对她儿子说："你看，你妈妈很担心你。自从出生以后，你给她带来了很多问题。我们需要一起来谈谈这些问题。"

这个孩子对我的话完全不感兴趣。

西蒙娜告诉我："你看，这孩子甚至看都不看你。他一直都这样，他也不爱我。"

西蒙娜开始谈到自己怀孩子时很焦虑，因为丈夫清楚地告

---

① 一般来说，不建议给年龄小的儿童使用这样的可调节座椅，尤其是在他还不能自己挺直背部的时候。——译者注

诉过她，他不想要孩子。她想过堕胎，但一直犹豫，最后还是决定留下孩子。然后，她突然冒出一个顽固的念头：自己的孩子不会拥有正常的大脑。

为了让自己安心，她做了超声波检查。根据医生的说法，胎儿的头的确比正常的小。因此，西蒙娜确信孩子会精神发育迟缓。

分娩很顺利，但是她被告知弗朗索瓦有一些异常。不过，医生忘了告诉她弗朗索瓦的髋部变形。

为了宽慰自己，西蒙娜问住院实习医生："我儿子应该智力健全吧？他的 APGAR① 检查得了满分。"

住院实习医生回答道："哦，你知道，即使 APGAR 检查得了满分，也不能排除精神发育迟缓。"

因此，西蒙娜开始对不顾丈夫的反对生下这个孩子产生负罪感。她告诉我，这是一个不主动要求吃奶的孩子，从来也不哭。她如果不主动给他吃，他甚至可以让自己饿死。大多数时候他都很安静，以至于他极少的几声哭泣都会让母亲欣喜若狂。

西蒙娜越来越相信儿子精神发育迟缓，并带着孩子做了很多检查。某次检查后，一个医生交给她一份心理运动机能发育迟缓的完整诊断报告。她对我说："你看，纸上写着呢。"

---

① 这是所有新生儿诞生时都要做的医学检查，以一到十分来评判其运动机能、哭声、皮肤着色、心跳以及呼吸频率。

我觉得有必要对西蒙娜做咨询，希望通过咨询，让她试着在弗朗索瓦面前表达自己被他拒绝的感受。

我们做了几次三个人的晤谈。她告诉我，为了讨好丈夫，她没有给孩子喂奶，因为丈夫担心这会使胸部变形："我确实亏欠他，我很感激他在分娩时陪着我。"但是，弗朗索瓦在用奶瓶吃奶时遇到了一些严重的困难。

在这些晤谈期间，西蒙娜越成功地在弗朗索瓦面前表达出自己被拒绝的感觉，我就越惊奇地注意到，孩子开始有兴致地看自己的母亲，然后看我。一段时间以后，弗朗索瓦的进食状况好多了，也专注多了。

有一天，西蒙娜没有带着弗朗索瓦来。我问她为什么，她回答道："我丈夫告诉我，弗朗索瓦双脚的弧度不正常，所以我让他住院了。目前，我们在给他做一些消化系统的检查，想知道他为什么吃饭吃得不好。"

不久以后，在另一次晤谈中，西蒙娜让我了解到，因为得了流感，她曾有三天没去医院看弗朗索瓦。她对我说："我发现弗朗索瓦完全变了，完全是另一个小孩了，我们在一起说说笑笑很开心。我之前有三天没见他了。"

第二天，西蒙娜惊慌失措地给我打电话，告诉我弗朗索瓦回了家，并在我们晤谈当晚惊厥发作。吃饭的时候，他边吃边吐，呼吸困难。西蒙娜说："这是我的错，我太紧张了，这些惊厥是我引起的。"

第二天，弗朗索瓦再次住院，做了一个脑部照影，结果完全正常。从此以后，我再也搞不懂这例个案了。

西蒙娜是不是在通过儿子的脑袋来表达自己肚子里的焦虑呢？这是丈夫禁止的结果吗？

多尔多：在我看来，这段经历非常老套。这位年轻的女士失去了自己的身份和职业，和丈夫的相遇对她来说是有害的。两个人之间发生了一些事情，而为了让另一个人继续活下去，其中一个被摧毁了。

参与者：这同样摧毁了孩子！

多尔多：孩子也自己摧毁了自己！不摧毁什么东西的话，他就活不下去。这是一个很严重的家庭病理：这个男人以及西蒙娜的病理。这就是关于一个男人和一个女人的致命相遇的典型例子。

参与者：这一病理的揭示因素就是这个小家伙（le gosse）？

多尔多：我只说一遍，我再也不想听到"小家伙"这个词了！他叫弗朗索瓦，就是这样。没有小家伙，并不存在一个小家伙。西蒙娜可以叫他"小家伙"，因为他和她切身相关，但是你，千万不要这样称呼。要特别注意，不要让自己被对病人的认同所感染，尤其是当着孩子的面。

我觉得，很重要的是，西蒙娜第一次没带弗朗索瓦一起来，而且你恰恰和她谈到她作为母亲的权利，即这个她难以承担的东西——考虑到她被丈夫剥夺了西蒙娜这个她母亲给她取的名字。

至于说医院开的弗朗索瓦心理运动机能发育迟缓证明，我始终希望把这些现实的状况书面记录下来，并交给母亲们。

参与者：但我不确定弗朗索瓦是否就像报告所写的那样有脑部病变！

多尔多：没人能确定，但是归根结底，为什么不呢？就算医生只是顺着母亲的欲望说了些什么，也不会改变什么。精神分析家的工作并不是去考虑这些。

当然，应该考察西蒙娜身上负罪感的根源，这让她不能做自己。西蒙娜没有头脑，因此弗朗索瓦也没有。

重新看看这个所谓的堕胎故事。比现实中的堕胎重要得多的是对欲望的堕胎。父亲和母亲已经"堕掉"了他们自己。通过娶一个有名字的女人又强迫她放弃自己的名字，而让她用另一个自己所选的名字诞生，这个男人不是"堕掉"了自己吗？这是一只小公鸡缠住一只小母鸡，并让后者变得匿名的故事！

这个故事也是抹去生殖—性欲望这一症状的典型案例。我们假装有生殖—性欲望，但实际做的又是另一套，这是彻头彻尾的变态行为。因此，弗朗索瓦毫不令人吃惊地再现了这一作为其受孕条件的变态伦理。

给人留下深刻印象的是，在西蒙娜和他有真正交流的第二天，也就是住院三天没见后又在一起说说笑笑那天的第二天，弗朗索瓦惊厥发作了。这并不让我吃惊。惊厥来自孩子没有一个对应于自己感受的意象，也没有一个和其未完成的发展相对应的身体图示相关的身体意象。

因此，他们不再能控制力比多能量的流动。这些力比多能量的流动既是在和他人的身体交流中所感到的，也朝向于那些用来表现自己情绪状态的身体末端：一些手势、音素（话语）或者图形化的表现形式（绘画）。

这些孩子和他们对话者之间的心灵交流被堵塞了，并引起大脑短路。这些冲动如果得不到表达，就会产生一个最短的回路：惊厥。

由于西蒙娜面对儿子时只感到被拒绝和焦虑，她从未把弗朗索瓦引入一种（以话语为）中介的交流中。她从未真的和他这个人说过话。毫无疑问，她只是"提到他"而已，就像他只是个物件。

当你们遇到这种惊厥的个案，并寻找第一次惊厥是在何种情况下发作时，你们会发现，母亲并没有意识到自己给了孩子一种冲动的过度兴奋，也没有告诉他自己对他做了些什么。这常常发生在母亲帮孩子擦洗屁股的时候。她没有意识到，孩子已经对不同的身体接触的触感有了细微的区分，而她还在继续擦洗他的性器官，就好像这只是一个小东西。

她认为自己在为孩子的需要提供服务，然而他却感到自己欲望的兴奋，他把这看作她的一个请求。但是这种兴奋针对她的哪个部位呢？她的头？她的胃？还是她的想象？

事实上，他的兴奋完全集中在生殖—性区域，就好像是这个部位在和她交流，而不是他作为一个完整的主体，一个被目光和话语象征化的主体在和她交流。

孩子会因此经历一种奇特的不安全感，同时，也会有一种和那个本应是安全感的感觉连在一起的未知感。

如果我们能够当着孩子的面，通过和母亲谈话，重新找到一切是怎么开始的话，第一次惊厥发作是不要紧的。

我有过一个类似的个案。我惊奇地看到，在讲话过程中，孩子一下子成熟了两岁。她看看妈妈，又看看我，最后笑了起来。她刚刚明白了一些事情。

这是一个被母亲过度刺激的小女孩。母亲在完全没有意识到的情况下，用一种过分的力道给她清洁外阴，就像在擦拭物品。她不用一些合适的词语和孩子说话。我们，精神分析家，能用这些词语重演关于那些发生了的事情的心理剧。

例如，我们可以这样讲："你妈妈之所以清洁你的外阴（或者妈妈在指代这个部位时所使用的词），是因为你特别脏。你那天拉臭了，她想给你清洗一下。你觉得，她忘了你还有一个脑袋。那时，她觉得你只有性器官。你对她很生气，却不知道要怎样告诉她，因为她没有按照你所希望的方式来照顾你。因此，你就惊厥发作了。"

在我谈到的这个案例中，一个快速的心理治疗治愈了孩子的这些间歇性惊厥发作。此外，这始终是和一些情绪状态同步发生的。

不幸的是，当这些孩子因为惊厥发作来医院时，常常只是直接拿药。真正应该做的，是花五到十分钟来询问一下母亲和孩子当天做的事情，找到诱发惊厥的因素。

我想到一个小男孩。他看到母亲打了哥哥的屁股一下，由此变得非常兴奋，想掺和到这一完全是癔症性—享乐的原始场景中去。由于没有办法（表达其兴奋），他就惊厥发作，让大家在各个方面都很照顾他。这是一种用来和哥哥竞争，或者让母亲更忙碌，以便让哥哥和整个家庭感到内疚的方式。他成功了，所有人都感到内疚，并急忙带他奔往医院。事实上，宝宝的惊厥发作十有八九都不是由于发烧，而是发生在一些情绪事件之后。

如果没有人理解这一点，这就会进入一种恶性循环。惊厥变成一个不费力的享乐症状，成为没有表征的情绪谜团。这类便利的高潮以后很难停下来，因为其中确实有一种让周围所有人都很焦虑的自恋性肛门—施虐和口腔—施虐色情享乐，它也附带地给了孩子在家庭中的优越的石祖价值。

对于这个孩子来说，这也是把医生这个外人引入家庭的方式。医生会——因谁之名？——来做决定。这样一来，父母就不再能教育孩子了，不能再和孩子建立起关系了。孩子凭借自己唤起的这些焦虑，动不动就将自己置于别人欲望的游戏中。

重新回到你向我提出的关于西蒙娜治疗之初的这些问题上来。

父母在第一次来时不带孩子，这很少见。我会要求他们下次也不要带孩子来。

母亲常会利用孩子的某个障碍作为向精神分析家谈论她们自己问题的借口。如果一位母亲第一次就没带孩子来，我一般都会要求她下次也不要带孩子来。让我很吃惊的是，当西蒙娜为了弗朗索瓦前来，却没有带他一起时，你看起来生气了。

参与者：我没有生气。

多尔多：证据是，她带弗朗索瓦来的那天，你立刻就把他放到隔壁房间。西蒙娜有很多东西要谈，在这种情况下，她不带弗朗索瓦一起来见你是有道理的。

参与者：还有一次，她和弗朗索瓦一起来是因为她找不到可以临时照看他的人。

多尔多：但是，是你最初在毫不知情的情况下对她说"最好带孩子一起来"。我认为，在这种情况下，最好是她自己一个人来。有必要的话，和她丈夫一起来。然后，你可以对她说："你和弗朗索瓦一起来，如何？"

当然，如果一个母亲和她的孩子一起来了，也不要责备她。可以和孩子与母亲一起谈。而且，不管她说什么，都要让孩子和她待在一起。即使母亲对孩子或者对她的伴侣说了些粗话和脏话，也不要让孩子离开。

要在相反的意义上理解母亲说的话，但是要对孩子这样说："你妈妈说的所有这些都是真的吗？""你也许和她的看法不一样。"等等。应该赋予孩子的这些强烈情感一些话语。

参与者：对，但（在这个案例中）归根结底还是有一种死冲动……

多尔多：正因为这样，所以特别需要说说！这不是一种死冲动，而是一种谋杀的冲动，完全和死冲动相反。谋杀冲动是一些力比多的冲动。死冲动是一些在深度睡眠中主体休息和身体放松的冲动。这时，个体身上那个欲望的主体暂时不在。这完全不是一回事！谋杀冲动有一个要摧毁的目标，在这个案例中，就像西蒙娜告诉你的那样，这和她父亲与祖父有关。这位女士的经历非常老套，这是一个废除自己作为一个有名字的主体，作为一个通过父亲来到这个世上的女性个体的故事。我们并不知道她和她母亲的关系怎样，她没和你提起过，但是不管怎样，她来见的是你，是一位女精神分析家。

参与者：实际上，我对自己说，应该还有一个弦外之音。

多尔多：嗯，在母亲还没有准备好的情况下，弗朗索瓦就和她开启了一段关系，这几乎是件让人感到遗憾的事。现在，我们面对着一个找到了窍门的孩子：当他的色情冲动过度活跃时，他就发作，然后万事皆宜。但这却是以缺乏话语，因而也就是缺乏主体为代价的。

参与者：是的，但是他不再惊厥发作了。现在，他用上了苯巴比妥[①]。

多尔多：为什么要这样呢？这会让惊厥发作得少些，或者完全不发作，但是问题仍然存在。

参与者：在孩子惊厥发作时，人们做的第一件事就是给苯巴比妥。

---

① 苯巴比妥，也称鲁米那，是一种巴比妥类的镇静剂及安眠药。该药物是世界卫生组织对于发展中国家治疗特定癫痫的建议用药。西方国家通常专门用它治疗新生儿的癫痫发作。它是在 1912 年被发现的，是仍在使用的抗惊厥剂中历史最久的。参见维基百科词条。——译者注

多尔多：好吧，就这么做吧，但不应该因此阻碍他对无意识做出分析。我们可以对一个完全被药物弄得昏头昏脑的孩子做精神分析。即使在孩子睡着的时候，无意识也是处于移情中的。不要担心这个，苯巴比妥一点也不重要。除非我们过于专注孩子反应，因为不再能看到他做出反应而感到灰心。在他内心深处，通过我们和他之间的心灵关系，一切都仍在被经历着，都处于活动中。虽然表面上消极，他却是极度易感的，即使不怎么表达。

精神分析完全不是再教育。在再教育中，当另一个人睡着时，我们什么都做不了。在精神分析里，我们仍然可以很好地工作。

沉默和话语一样意味深长，只不过沉默时，我们只有通过解码内心，才能知道发生了什么。如果我们真的无意识地处在接收状态中，就会发生许多事情。必须任由我们的内心自由联想，并让它为在场的那个人服务。对你自己的经历，对你自己和孩子之间无意识、前意识和意识关系的分析，才是治疗的唯一指引。

这就是精神分析的工作。

总有一天，母亲会忘了给孩子用苯巴比妥，并发现其实一切正常。当然，我们的工作是在使用苯巴比妥的情况下进行的。在大多数情况下，是医生允许父母减轻剂量的。这不是我们的工作。苯巴比妥用得少，病人有可能更清醒。但是，在大多数个案中，如果孩子没有用苯巴比妥，是不可能来做精神分析的，因为他动不动就过度紧张发作。用苯巴比妥更好，带着一些未被宣泄掉的无意识张力，我们工作能在移情中继续。

我们并不和意识一起工作，而是和那个总是在场的，即使在深度睡眠中也在场的无意识一起工作。对在座的很多人来说，这是一种全新的观念。心理学学习并没有为人们领会这一点做好准备，但是我们的确可以很好地和一个睡着的，或处在意识丧失状态下的，甚至昏迷中的人一起工作。

和一个昏迷的人一起工作时，话语在我们不知道怎样的情况下也能传递过去。那些试着不断和昏迷中的病人说话的重症监护医生会观察到这一点，他们是最先对此感到吃惊的人。

我要告诉你们我从前的一个病人的故事。这个男人是在紧急情况下来见我的。有天晚上，他十分慌乱，告诉了我他身上正在发生的事情。几天前，他的妻子在半夜生了一个很棒的女孩。一切都很顺利，丈夫一大早离开妻子，去接他们留在家里的大儿子，想带他去医院抱抱妈妈。母亲和宝宝都很平安。之后，这个男人送儿子去上学，又马上回到了医院。这时，他发现妻子处在惊厥状态中。尽管做了各种努力，但她还是陷入了昏迷。

四十八小时以后，重症监护医生估计，即使能成功地将她从昏迷状态中唤醒，还是会留下后遗症，至少她的两条腿会瘫痪。

这个男人被一种强烈的，对生命、妻子和医护人员的恨占据了。因为他认识我，所以决定来见我。

到我这里时，他处在非常烦躁不安的状态中，并马上向我宣称，他绝不能再靠近任何一个护士，否则他可能会杀人。接着，他告诉我，他的岳父岳母得到消息后很快就赶来了。但是，他的岳母拒绝见自己的女儿，只是待在医院走廊里。他的岳父对于妻子的拒绝感到尴尬，就向女婿透露了他们女儿出生时的事。

他们有两个女儿，两个儿子，这位昏迷的女士是四个孩子中的老大。她一出生，母亲就很讨厌她，并因此弄成一个真正的恐惧症。对于老二，她的态度同样如此，那也是一个女孩。相反，对于第三个和第四个孩子，对这两个男孩，她从第一天起就很喜欢，给他们喂奶，抚育他们长大。这两个年长的孩子，这两个女孩，直到会走路前，都是在没有见到母亲的情况下被单独抚养大的。

听完这段叙述，我首先建议这个男人去吃点东西，睡一觉。自从妻子分娩以来，他既没有吃饭，也没有睡觉。

接着，我建议他向昏迷中的妻子讲讲她出生时的故事。

他的确这样做了。几小时后，他年轻的妻子从昏迷中醒来，没有留下任何后遗症。

她说的第一句话是："我想看看我的女儿。"之后，她对丈夫说："我不知道自己是不是在做梦，还是你真的向我讲了我出生时的事情。我马上就明白了，正是这段自己不知道的经历让我觉得自己没有权力拥有我们的小女孩。想明白后，我就从昏迷中醒来了。"她开始描绘自己处在昏迷状态时发生的事。她在天花板的一角，看着丈夫和重症监护医生俯身在一个像纸一样平的人形上面，不知道那就是她自己的身体。在丈夫向她讲述她是怎样来到世上时，她感到一种强烈的疼痛，同时感到自己通过头顶进入这个扁平的形状中，让它慢慢膨胀了起来。

然后，她进入了一种令人非常痛苦的黑暗中，她就是从那里出来并醒过来的。

扁平这一意象来自她所觉察到的一个词语，这个词和脑部照影的"扁平"剖线图有关。人们常说，深度昏迷的人的剖线图几乎是扁平的。从她所处的目击这一场景的地点来看，这位女士认为这两个男人在照料她可笑的且扁平的形状，这很荒谬。

其他一些昏迷者的经历同样清楚表明，在深度昏迷中，主体仍然在场。有一天，一位祖父向我讲述了他孙子不可思议的遭遇。八岁大的帕特里克（Patrick）和父亲、母亲、妹妹一起从意大利回来时，发生了一场可怕的事故。母亲当场死亡，父亲在昏迷八天后死亡，妹妹躲过一劫，安然无恙。帕特里克失去了一颗眼球，大脑部分受损。他在昏迷中被送往医院。医院通知了他的祖父母。祖母留在抢救他的意大利医院照看他，祖父带着小孙女先回了法国。三个月后，帕特里克从昏迷中醒来。让大家震惊的是，这个小法国佬开始说一口流利的意大利语。至于法语，他只能结结巴巴地说出几个词。就像八九个月大的孩子，他现在只能说"爸——爸、汽——车、喵——喵（真好吃）"。

他不再能听懂祖母用法语说的话了！

在这位祖父拜访我的当晚，我向一位生物学家朋友转述了这个故事。他回答我说，记忆是固定在蛋白质中的，因此，可能由于输液，帕特里克就像录磁带一样在记忆中固定住了他周遭的意大利语。

但是，他的回答并不完全令人满意。我们也许可以在磁带上录下一些话，但是我们肯定不能录下一门外语的所有语法。

这个孩子讲意大利语的流利程度比得上一个八岁的意大利孩子。他到意大利也才三个月。这其中有一种关于语言的非常神秘的东西，它向我们表明，我们应该重视自己身边那个睡着的或昏迷着的人。一切都被录了下来，当一个人处于昏迷中，没有防御时，甚至会录得更好。主体睡着了，已经不在自己身体中了。

我们不清楚这些昏迷状态和个体意识状态的关系是什么，更不清楚从个体的角度看，什么是主体（这个词不太合适，因为实际上主体是分化的）。

如果说，昏迷的人从无意识的阶段醒来后却留下一些对周围发生的事情和周围说过的话的痕迹的话，那么，意识状态又是什么呢？

参与者：这很不可思议，这个表面上处于无意识（昏迷）状态的孩子竟然还有一种清醒的智力。

多尔多：并不是一个孩子看起来无意识，或者不看着别人，他就听不到我们所说的话！比如说，患孤独症的孩子，这样一个什么也不看的孩子，其实能听到所有的一切。他只是看起来心不在焉罢了，是这让我们感到迷惑，并最终谈论他们，但却没有真的和他们这个人说话。也许，他们只是不把自己聚焦在这个位于空间和这具躯干中的身体意象上。我们绝不应该认为，当在场的个体显得愚蠢、好像睡着了甚至处于昏迷状态时，主体就不再是完全清醒着的了。

欲望的主体和个人历史的主体，它们都是在场的。

比如说，精神病患者并不能在视觉上定位自己的身体和他们所处的地方。他们就像幽灵一样，分散在这具处在空间中的身体周围，但是能听到并理解所有的一切。当某个精神病患者幸运地得以痊愈时，他会告诉你们在他听到的所有东西中那些他记忆中给他留下深刻印象的东西。

因此，重新回到弗朗索瓦这里，我们也许应该对他说这样的话："当你在妈妈肚子里的时候，她听说你有个小小的脑袋，因此非常担心。而你，也许同样为她感到担心。"我们可以这样来和一个曾在胎儿时承载了太多未被言说的焦虑的孩子说话。通过和他讲这些，我们就能帮助他重新找到一种象征性生活中的交流来疏通和身体的关系。否则，只要这还没被说出，孩子就不得不把这些未被言说的东西留在自己的身体中。

这并不意味着每次都有用，但在没有其他方法的情况下，这就是我们应该采用的方法。

如果一位母亲曾尝试堕胎，或者杀掉孩子，应该把这件事告诉孩子。应该用这样的方式告诉他：你的母亲觉得完全被原谅了，因为你经受了这一考验，活了下来。现在，他同样能经受得住。

我们有必要对孩子说说这一考验，给予他一个与母亲的正面关系和生命动力的价值。在他眼中，这一价值曾被如此否定和阻挠。这是他的历史，母亲是属于他的。一位母亲想要堕掉自己的孩子，我们完全不知道这意味着什么。可能出于母亲的自恋，出于自私，也可能出于爱。这取决于母亲自己作为胎儿时的经历，或者父母中的一个作为胎儿时的经历。

我们有一种按照自己的道德观来看一切，来评判一切的倾向。无意识的伦理完全是另一回事。它是一种动力。这可能是一种爱的动力，然而却在言语上表现为否认或攻击。

在这种情况下，欲望通过抛弃得到了表达。抛弃是一种爱的方式，它的确是啊！

弗朗索瓦的个案直接关系到的并不是他。问题在于更早，在于他的母亲西蒙娜，在于她的自恋，在于她为了一个男人，差不多变态—受虐狂一般地放弃了自己的名字和职业。她像胎儿依赖胎盘一样完全依赖着丈夫。

这是一个退行得厉害的女人。为什么一个男人要娶一个女人，来让她扮演一个环抱着胎儿的胎盘角色？我对此一无所知。当然，你们可以想象一下他们生孩子的这幅景象：胎儿的胎儿！这样的孩子是没法存活的。

但是，凭借一些话语，我想所有这些都是可以恢复的，因为弗朗索瓦就在这里，他活着，而且西蒙娜主动找到了精神分析家。

参与者：我们真的可以用一些话语，用一门复杂的语言，来和六个月大的孩子说话吗？

多尔多：当然可以。使用你们的语言，这个你们用来最真实地表达自己感受的语言。

如果你是中国人，就应该和他说中文。应该和他讲你的语言。如果你的母语不是法语，就应该用你能说的语言和他说，然后再让他的母亲或父亲用他们之间交谈的那种口音重复你的话。

一些处在分析中的成人会用母语做梦。孩子的无意识在倾听和他说话的那个人的无意识，因此，后者必须尽可能贴近自己的感受和想法来讲，最好用自己的母语讲。

如果我们不说，而只是想想自己要说的话，或许同样意味深长。我不清楚怎么回事，但是孩子是有心灵感应的。

父母在场——这是在对大约两岁半以前的孩子，甚至更大的孩子做心理治疗的最佳条件——让父母和孩子一起听到我们对孩子说的话，这是必需的。

参与者：但是，精神分析家并不会说很多话。

多尔多：对孩子，应该说话！这恰恰是困难的地方。应该说话，但应该通过投射的方式来讲那些父母刚刚说的东西，讲那些孩子通过动作和表情表达的东西。例如，应该这样对他讲："你刚刚做的这个，让我想到，你想给我说这个或者那个。"我们当然有可能出错。这时，我们必须承认自己错了。我们找寻的东西是那些最接近于孩子的表达的东西，就是这召唤着宝宝的话语。只有在母亲召唤他的话语时，这个小小的人类才会开口说话。

　　如果母亲不召唤自己孩子说话，孩子就永远不会好好说话，会出现说话上的延缓，因为他用到的音素不是那些语言中通用的音素：他在自己的喉部和上腭保留着发出一些童年早期音素的可能性。

　　话语应当被说出，并赋予这个孩子主体的身份。也就是说，应该告诉他，他有一些并不总和母亲一样，也不和我们一样的欲望、情绪和观点。

　　许多母亲会这样做，比如她们会说："啊，是啊，我知道你不喜欢这个！但是我不得不这么做。"像这样和孩子说话的母亲在不自知的情况下，就给孩子提供了一些和她们的观点不同的观点，以及一些和她们的欲望相对立的欲望。

　　这一在话语中有不同观点的权利，并不能阻碍她们让孩子做那些她们希望的并觉得适合于孩子教育的事情。但是，当通过话语赋予孩子这一权利时，她们就赋予了孩子自己建构自己主体的自由。孩子会因此变得有人性。

　　这在所有人类的关系中都是如此，不管对方年龄多大，表面上有多成熟。

第十章

"但是，在出生前，我在哪儿呢？"——当一个孩子失去母亲时，他同样一下子失去了父亲——一个不断向后跌倒的孩子——对于孩子而言，房子和身体是混淆的

参与者：你最近用到"一些原初场景"这样的复数形式，你想通过它们表达什么呢？

多尔多：实际上，在某个特定的时刻，一个女孩——比如说，会想要占据父母性关系中母亲的位置。这是一些我们一般错误地称之为"原初场景"（scène primitive）的幻想式性关系。弗洛伊德曾用"一些原初场景"来描述两种不同的情景。一个是孩子对父母性关系的幻想；另一个被命名为"主要场景"（la scène principielle），是关于孩子诞生的起源的，提出了先于存在的非存在（non-existence）的问题。

如果没有在某个时候直接或间接地提出这个问题，孩子的生命就不能得到发展："出生前，我在哪儿呢?"在成人的精神分析中，这个问题导向了一些幻想。在这些幻想中，主体用父亲生殖道中的精子来代表自己。例如，它拒绝穿透到母亲的卵子中。

孩子经常和这一受孕之前非存在状态的焦虑进行协商，并幻想自己出席了父母的婚礼。如果是这样，并且这个孩子也赞成父母的婚姻，就没法让他认识到这一情景在时间顺序上是不可能的。父母常常想把他放在正确的时间顺序中，结果会导致一个在他们看来很滑稽，在孩子看来却很失望的情景。

这对父母来说很滑稽，因为他们对自己曾经希望见证父母交合的欲望构建了一个意识上的防御。这是他们自身的一些幼稚幻想和作为清醒的父母必须维持的现实之间的一条捷径。

从这两方面看，有时这个小插曲一点也不滑稽。我记得一个小女孩当众坚称自己出席了父母的婚礼，而后者感到非常尴尬，因为大家可能会认为他们结婚很晚，是在有了孩子以后才结婚的，但实际上并非如此。

在这些时候，母亲会不停地说："她把我们当成什么人了啊!"潜台词是：没当作正经人。

参与者：我想和你说说一位女士的个案。她和有四个孩子的鳏夫结婚了。在这段婚姻中，新夫妇又生了五个孩子。这位女士给他们五个取了以 G 这个字母开头的名字，G 也是她自己的名字乔吉特（Georgette）的首字母。她告诉我："我这样做，是为了区分我的孩子和我丈夫的孩子。"我之所以和这位女士有联系，是因为她最小的儿子得了精神分裂症。最近，我得知她的丈夫几年前死了，是在他们最小的儿子五岁时过世的。她没有立刻告诉我这一点。事实上，她十九岁时和这个男人结婚，他是她的邻居。她看到了他第一任妻子是怎样去世的。她告诉我，她和他结婚是可怜这些孩子没有妈妈。她自己则没有父亲。"我没能成为那些不是我的孩子的孩子们真正的母亲。"她这样对我说道。因此，她虽然能和丈夫的孩子完全分离，却不能接受自己的孩子的自立。

多尔多：对于不能让她的孩子摆脱自己，她是不是感到内疚呢？

参与者：嗯，当然内疚，特别是对患精神分裂症的小儿子。应该说，在儿子进精神病院时，这位女士刚好不在家。她去参加母亲的葬礼了。孩子离家出走，并在一个谵妄的状态中被人找到。

多尔多：这个故事中特别有意思的地方，是这位没有父亲的女士的儿子也不认识自己的父亲，因为他五岁时就失去了父亲，并最终得了精神分裂症。我认为这很关键。正是在这个意义上，我们可以谈论母亲的责任。这个男孩没能相对于一个男人来建构自己，因为他母亲在怀孕时没有一个父亲的观念，而其他孩子都曾有一个在场的父亲。

参与者：这和我对这例个案的理解完全吻合。在最近一次晤谈中，她告诉我："我从未把我丈夫当作我的孩子们的父亲。"

多尔多：当然，甚至父亲这个观念对她来说也是不可想象的。在她看来，父亲是母亲的一个移情。然而，父亲是从胎儿期起就存在的既定事实。当然，授孕者并非一定是父亲。她自己的授孕者这件事从未被言说，这是非常沉重的。毫无疑问，通过否认这个男人是她孩子们的父亲，她仍然试图用否认的模式让一个父亲得以存在。当我们对某个东西说"没有"时，就意味着这个东西对我们而言是存在的。然而由于此前在她的观念中，父亲这个概念完全是缺失的，因此她几乎就像缺少了一种感官一样。

参与者：乔吉特三个月大时父亲去世，不过她在第一次受洗①时才知道父亲死于自杀。我想，正是在这个时候，她真正失去了他。她开始探寻这一自杀的真相，并发现在父亲自杀前不久，她的父母分居了。母亲住到她自己兄弟家，父亲无法忍受这一分离，就自杀了。她说，她发现父亲是个疯子。毫无疑问，正是出于这个原因，她对于疯狂有一种恐惧，而小儿子进了精神病院这件事重新激活了她的恐惧。她责备自己又创造了一个疯子。关于她的父亲，在我看来重要的是，她在父亲死了很久以后才发现他是自杀的，这突然打破了她曾经建构起的（父亲）形象。

也许正是出于这个原因，她拒绝参与自己孩子的父亲形象

---

① 在法国，第一次受洗一般是在八九岁时。——译者注

的构建，为了他们的一生中不发生同样的事情。

按照她为自己父亲所构建的形象，我们可以说这是父姓（nom du père）的丧失（forclusion）①吗？

多尔多：在这例个案中，我不这样认为。这位女士似乎经常谈起她的父亲，但不是把当作负责任的父亲。我认为，在一个人的个人历史中，一个不负责任的父亲（影响）重大。这完全矛盾，因为父性功能的特点恰恰就是责任感。相反，乔吉特内投了这个意义上的某种东西，因为她想对那些失去了母亲的孩子们负责。

要知道，当一个孩子失去母亲时，他同样一下子失去了父亲，反之亦然。父亲和母亲是相对存在的。孩子在心里保存着一个女人，但是他不再有母亲。也就是说，他心里保存着一个作为孕育者的母亲，而不是一个现实的母亲。

孩子从未有过一个母亲，只有一个"妈妈—爸爸"，他也从未有过一个父亲，只有一个"爸爸—妈妈"。"父亲"这个词是后来才来的。它来自我们，是我们这些成人给他的。这个词是在俄狄浦斯期以后，伴随着对父母双方作为孕育者角色的理解出现的。在此之前，爸爸是相对于妈妈的，妈妈是相对于爸爸

---

① 简单地说，这是雅克·拉康为了翻译弗洛伊德使用的德文词"Verwerfung"所用到的术语。拉康认为，这个术语指示着一种精神病患者独特的防御机制，并且是产生精神病的根源。和压抑不同的是，被丧失的能指不在主体的无意识中，而位于其精神构造的外部。因此，它们不会像神经症病人被压抑的冲动情绪一样返回到意识中，而是以来自外部的谵妄和幻觉的形式回来。——译者注

的。因此，在失去丈夫以后，这位母亲就成了一个曾作为孕育者抚养了自己的孩子，但却吃掉了孩子父亲的女人。

孩子幻想她把他"像屎尼尼一样拉掉"（cacaté），并扔进垃圾箱。他们用这种方式阐释自己周围一个重要的监护性元素的消失。这是一个被半个人养大的孩子，他也认同于这个半人。但在通常情况下，他应该认同一对夫妻。

孩子对父母这对夫妻的认同也能解释人类总是双重的。

好吧，乔吉特在不自知的情况下，认同一个嫁给了舅舅的母亲，因为在她的幻想中，这个和母亲做夫妇的人似乎是舅舅。因此，她和一个有着这种认同的孩子处在同样的位置上，后者作为同一性别的"理想自我"（Moi Idéal）认同一个和自己的孕育者没有性关系的人。

如果是一个女孩，她就认同那个她想象中和父亲是夫妻的他的姐姐；如果是一个男孩，他就认同一个和母亲是夫妻的她的哥哥。

俄狄浦斯期在这些情形下不能顺利进行，不能发展出生殖—性类型的超我。事实上，我们不能阉割一个已经受到损伤的人。只有在认同和男性或女性孕育者有性关系的人，而且这一性关系对自己来说被禁止的情况下，阉割才会存在。

参与者：乔吉特的经历中还有一个在我看来很重要的参数。她小时候住在舅舅家，和舅舅的孩子们一起生活。母亲总是对她说："规矩一点，你不是在自己家。我们不是在自己家。"她成为一个不能忍受有"自己家"的女人。当她和鳏夫结婚时，她接手了一个不是"自己家"的公寓。事实上，她搬到了这个男人和他第一任妻子住的公寓里。在她开始感到这是自己家的时候，他们搬家了，并有了这个后来患精神分裂症的小儿子。事实上，这是她第一次真的想要一个孩子，因为她最终创造了一个属于自己的地方。她说之所以要先前的四个孩子，是为了和丈夫的四个孩子保持平衡。

自从丈夫去世以后，她就把不再有"自己家"当作一种宿命，并隐居在修道院里，不是作为一个修女，而是作为一个……

多尔多：自然，是作为一个女仆。

参与者：是的，作为一个女仆！

多尔多：对于精神分析家而言，这样一个个案很有意思。（向提问的这个人说）女士，你确实有道理。毫无疑问，整个故事，以及给每个孩子一个以 G 开头的名字这件事，都源于乔吉特不可能实现的俄狄浦斯情结。你希望我们借机来说一下姓和名的问题吗？

你们有没有注意到，某些很难承受的姓部分源于和父亲的糟糕关系？

参与者：对女孩子也同样如此吗？

多尔多：当然，但女孩子更关注和父亲的关系，而不是他的姓。这并不意味着姓就不重要了。她们会在嫁人后换姓，这个新的姓是她们放弃自己父亲的标志。当女孩子嫁了一个有着和自己父亲的姓非常相近的姓的男人时，事情就变得复杂起来。在乱伦禁忌上作弊，钻规则的空子，这可能导致一些潜在的负罪感。

参与者：我认识一个孩子，他母亲给我讲了整个家谱。他和一个六个月大时死去的哥哥有着同样的名字。母亲从来都不愿意回答他那些关于死去的哥哥的问题。他目前的症状是向后摔倒。他坐在椅子上，会向后跌倒。在班上，这当然给他带来了一些问题。

多尔多：这里也是。我觉得这是因为没有言说（non-dit）而导致的后果。他的母亲没能和他说说那个在他之前死去的孩子。往后跌倒，就是丧失垂直的肌肉紧张度，并重新回到自己个人历史中的小宝宝时期。

对于孩子来说，是羞耻心让他闭嘴。然而，羞耻心是讲述性关系的一种方式。这使这个孩子发展出因这个死去的宝宝而变形的俄狄浦斯情结。

他的这一态度很可能和母亲深深隐瞒的一个真相连在一起。对于后者而言，这个死去的孩子应该代表着很久以前她父亲或者她兄弟的意义重大的死。

毫无疑问，正是出于这个原因，这个孩子不能将自身定位在时间中，并因此感到痛苦。我们同样可以认为，有着和六个月大时死去的哥哥相同的名字的他，通过往后跌倒，提出了一系列问题：在六个月大的时候，我是谁？是你的儿子吗？是你爸爸的儿子吗？是你兄弟的儿子吗？也就是说，质疑自己是否是自己的这类问题。

他直觉地感到，对于母亲而言，他代表着很久以前这一意义重大的死亡。母亲并没有对此做一个告别，而且母亲的母亲，他的祖母，同样没有做。

如果这位女士给大儿子取了自己死去的兄弟的名字——大儿子也死了——这种欺瞒丈夫的做法，是为了安慰自己的母亲吗？一般来说，名字是父母一起选定的，目的并不是安慰祖母。这是众多这样的儿童心理治疗案例中的一个。其中，孩子的症状是试图让母亲去做告别，并获得作为一个活着的男孩，作为一个活着的父亲的儿子存在的权力。

然而，在这个案例中，母亲并没有做告别，从未和他谈起过死去的小宝宝，也没给他看过照片或为小宝宝流过泪。我觉得，一个导致了沉默的羞耻感和一个无法言说的羞愧连在一起了：孩子感到这是某个属于乱伦领域的东西。在这种情况下，跌倒而不是保留肌肉的张力，能逃避母亲的这一要求："我不是你认为的那个人，那个也许死了的宝宝。"

参与者（男性）：我想报告一个五岁半小女孩的个案。卡罗琳（Caroline）拒绝在班上开口说话，在家里却能表达自如。由于在我们的初次访谈中，卡罗琳一句话也不说，我就要求她画一画那些来到她脑海中的东西。她画了，但是对于我所有关于画的问题，都只用点头或摇头来回答。在晤谈结束时，我问她愿不愿意定期来见我。她点了点头，表示同意。到目前为止，我见了她六次。在晤谈中，她总是画同一幅画：一个有两扇门的房子，一扇门通往一条道路，终结于一棵树下；另一扇通往一条非常细小的道路，就像一根线一样。

让她的父母吃惊的是，慢慢地，这些画开始有了变化，但她始终一言不发。我该怎么办呢？

多尔多：当然，要继续接待卡罗琳，因为她想来。但在决定接受她做心理治疗之前，我可能会先和她的父母探讨一下这个问题。

你甚至都不知道她在家里用的是哪种类型的语言，也不知道她说话的动机，同样，你也不知道她是玩毛绒动物玩具，还是玩洋娃娃。事实上，她来是因为通过和你建立关系，她获得了一些好处。但这会持续到什么时候？

是谁陪她来晤谈的？

参与者（男性）：第一次，是父母陪她来的。后面都是母亲陪着来的。从第二次晤谈起，母亲就当着卡罗琳的面告诉我，她自己状态不太好，曾经很抑郁。由于胎盘滞留，她在生卡罗琳的时候很不顺利。

多尔多：也就是说，是她的母亲想说！那我们可以考虑一下，是不是她滞留住了卡罗琳的话语，就像分娩时的胎盘一样。

参与者（男性）：她一直在见一个精神科医生，但她对心理治疗的态度很矛盾。

多尔多：通过卡罗琳，母亲想要和你建立起治疗关系，至少这和她自身的早年经验有关。出于一些我们还不知道的原因，她和自己父母的关系曾经有些紊乱。

从根本上说，先生，你的故事中唯一让人烦恼的地方是你不知道卡罗琳是否因为不和人交流而感到痛苦。在最开始的时候，她本来也许可以告诉你这一点，因为她通过点头或摇头来表达是或否。她似乎是因为受到引诱，才来画画，才来见一位先生的。尤其是，如果她知道母亲会去见另一位先生，去见那位精神科医生的话。事实上，关于母亲以及女儿出生前后，似乎存在一个严重的问题。

卡罗琳来你这里画画，这不可能对她有害，但是我认为你最好不要说话。她要求来见你，但是不讲话。你最好每次向她要求一个象征性的付费，这是你每次要向她说的唯一一件事。她只有在家里才说话，在外边是不说话的。关于她的分娩，母亲肯定说了一些孩子没有理解的可怕的事情。这个小女孩似乎被性的问题滞留住了，母亲同样被绊在这个问题上。对于卡罗琳而言，进行口头的交流，也就是说话，究竟要冒怎样的危险呢？

这可能是处在对阉割的恐惧的层面上的。用我们的习惯用语来说，就是她的舌头被割掉了。这可能是一个失掉阴茎的小女孩，她描绘了一条最后止于一棵树的道路。可能从这时起，她就不说话了。我不太清楚这意味着什么。是害怕把自己的舌头伸到外面的世界中吗？或者是为了隐藏那些她可能会说的话？或者是为了不成为女孩，不在外部世界中占据一个公民的位置？她的母亲正是由于抑郁，而不能再在社会中拥有一个百分之百的女性位置。我不太清楚这具体是怎么回事。

但不管是怎么一回事，我认为你最好都不要抗议。卡罗琳五岁半了，她也许能认一点字？在我看来，如果你想要有效地和她一起工作，你可以在她的画上写一些字。例如，在画的房子旁边写上"房子"，并依次标出"窗户""路""门""树"等。

但是，我坚持认为，这要在你们之间默默进行。因为我觉得，在母亲和你说话之前说话，对她来说可能意味着危险。

目前，你清楚地看到她母亲想和你说话。也许你可以邀请她来城里做心理治疗。这就是她所期盼的，不是吗？

参与者（男性）：她用这种方式告诉我："你知道，别人对我说起过心理治疗、精神分析。我很愿意，但是我也很害怕。"

多尔多：正是这样：说，还是不说，说，还是不说。卡罗琳和她妈妈一起来的时候，爸爸也来吗？

参与者（男性）：他们总在大清早来。父亲也来过一两次。

多尔多：在这种情况下，你可以同时接待父母。

参与者（男性）：我想起第一次晤谈中的一段插曲，父亲当时在场。卡罗琳带了一把玩具手枪，她把它放到阴部。她把枪递给父亲，然后又拿回来。她像这样玩了两次。

多尔多：她是把玩具手枪当作阴茎，还是当作现实生活中的一把手枪？

参与者（男性）：像一个男孩子一样。

多尔多：看来，围绕着性别差异，有一个未曾被言说的东西。卡罗琳想说："你看，我的性器官。是给我爸爸的。"她想要对自己有没有手枪这件事提出一个沉默的问题。考虑到母亲继续想象自己被女儿的诞生弄伤、弄残，还能怎么办呢。这是一个女性孕育的问题。母亲拒绝让一个像其他女孩一样说话的女儿完全诞生到世界上。在自主神经系统层面，她把这个问题身心化了，因为她留住了胎盘，没能做个告别。

我们面对的可能是一个癔症性神经症，但给出这样一个诊断并不能让任何人的状况有所改善。关于信息方面，我也没什么要说的了。

参与者：一个小男孩不断围绕着自己鼻子做自由联想。在你看来，这个鼻子后面可能藏着些什么呢？（听众们笑了起来）

多尔多：用来呼吸的鼻子就像窗户一样，始终和诞生的主题连在一起。诞生是一种解放：我们生而自由。

参与者（另一位）：那么，上下开合的窗户呢？

多尔多：当触及自己诞生的主题时，孩子总是用推窗来代表它。一扇向两边打开的窗户。即使他们家的窗户是上下开合的。

参与者（另一位）：广告公司非常明白这一点，在克雷泰伊市，有一则广告吹嘘道："整栋全新大楼，都有着真正的窗户。"当然，都是一些推窗。

多尔多：即使是那些住在茅草屋的非洲小孩，也像我们这儿的孩子一样画房子。也就是说，在长方形上面加个三角形。

　　这肯定是身体意象的一种几何图式。在孩子有了现实感——大约七岁——的时候，这一身体意象很快就会消失，因为孩子在感到和看到东西之间有了一些相互交错的知觉。

　　参与者（另一位）：那些生活在帐篷中的贝督因人①同样如此。

　　多尔多：我不知道贝督因人是不是这样，但是我在摩洛哥南部有过类似的微妙体验。在去之前，我就见过一些摩洛哥孩子的画。他们画房子的方式和法国孩子差不多，但是每根线条都是双重的。墙壁是双重的线条，屋顶也是，等等。当一个小女孩在我面前开始用双重线条画一个人形时，我对这一独特性更感到吃惊了。小女孩向我解释说，她画的是一个住在自己房子里的首领。双重线条代表着首领住的地方周围环绕的小沟渠。这是一座富人住的坚实的房子，被一条小沟渠环绕着，和贝督因人的帐篷正相反。

　　通过孩子天真的延伸，首领的外形也被双重线条代表了。

---

　　①　贝督因人（Bedouin）是以氏族部落为基本单位的在沙漠旷野中过游牧生活的阿拉伯人。"贝督因"在阿拉伯语中意指"居住在沙漠的人"。他们在中古初期占半岛居民的绝大多数，处在水源、牧场公有的原始公社制阶段。逐水草而居是他们的基本生活方式。参见维基百科词条。——译者注

在这个小女孩的头脑中，这是"富人房子—先生"。这并不是通过他的头巾和衣服来表现的，而是通过一个完全图式性的身体意象来表达的。对于孩子而言，房子和身体是紧紧挨在一起的。正是出于这个原因，空间对小孩子来说非常重要。房子和身体常常是混淆的。

这就是为什么如果没有人向他解释发生了什么事情的话，搬家可能会给孩子造成创伤。必须帮助孩子理解他所熟悉的空间的这一动荡不安，对他说："你看，另一栋房子是不一样的。我们原来放在那里的东西，现在被放在这里了。"等等。

尤其要告诉父母，他们应该以一种在他们看来对这一变化负责的方式，把所有这一切都用话语说出来。由于孩子认同父母，因此就会跟随他们认同这一变化，并且在随着变化中的父母一起改变的同时，让自身保持一致。

对他来说，最重要的是做自己行为和欲望的主人，并让自身保持一致。他也像父母那样参与了周围空间环境的改变。当然，有些次要的、无关紧要的东西发生了改变，但是那些最重要的东西却是永恒的，即一个按照自己的话语来行动，被欲望推动着的主体。

孩子常常会有一个小小的退行，比如说，不再能独立上厕所，或者退回到搬家前七八个月的状态中。接下来，通过做一些充满焦虑的梦，一切自然会顺利起来。

参与者（另一位）：我见过一些突然失去父母的孩子，他们同时失去了话语。

多尔多：当然，完全可能发生全面的退行。这就是我们在儿童社会福利机构的某些孩子身上看到的。他们变成了所谓重度智力发育迟缓或严重自闭的孩子，至少从表面上看，他们目光游离。

然而，仅仅通过一些话语，通过给他们讲他们的父亲、母亲，他们的血统，他们的姓，我们就可以帮助他们重新找到自己。一个人从那些承载着意义的话语中汲取力量，这是多么了不起的事情啊！

如果我们说出那些真实的话语，孩子就会重新启动自身的欲望。例如，在一个儿童社会福利机构的孩子的案例中，如果我们对他说，他的存在代表了他彼此相爱的父母，是他选择了在某一天来到世上，他生下来时有多重，他很漂亮，等等，他就能通过他和那个用话语表达他想要来到世上这一欲望的人之间的移情，重新拥有自己的主体性。当然，对于一个有父母的孩子，我们不能这样做。应该把他留给父母，把他留在父母相互投射的影响中，他正是这一投射的对象。也正是出于这个原因，治疗一个患精神病的孤儿比治疗一个父母都健在的患精神病的孩子容易得多。

第十一章

（早产儿的）暖箱，人为的孤独症——宝宝自问：这个带着死亡的女人，她想要我怎样呢？——法国国际广播电台直播节目：一些孤独症孩子的痊愈——手掌中脐带的痕迹——心，第一个有节律的能指

参与者：我想谈谈希贝儿（Sybille）的个案，这是一个和她父母一起到图索医院来见我的五岁小女孩。她不说话，是一个提前一个月诞生的早产儿。她和父亲有一整套通过微笑来进行交流的系统。在她的绘画中，她只弄了一些洞。

多尔多：是在纸上弄一些洞吗？

参与者：不是，是在画中。她把鼻子画成一个洞，嘴巴也是。由于她只画一些洞，在一次晤谈中，我对她说："瞧，我有一个鼻子。"从那时起，她开始能画一些石祖般（挺立）的形状

了。不久以后，她开始说话。我正关注的就是这些东西。石祖的表象既不是一个物表象，也不是一个词表象。

多尔多：但是，我认为她其实是在用这些圆圈来表现一些石祖形状。

参与者：是吗？

多尔多：当然。有两种石祖形状：乳房和阴茎。她想通过这些洞表现一些乳房，你却回应道："我有一个鼻子。"那么，她听到了什么呢？她听到你说："我是一个男人。"（笑声）

参与者：噢！不，我只是对希贝儿光画洞感到吃惊而已。要知道，她是个早产儿，我觉得某个东西在她身上过早地被切掉了。这就是为什么我对她那样说。

多尔多：她在暖箱里待过吗？

参与者：没有。她生下来时个头很小，很瘦，但是没在暖箱里待过。

多尔多：那她是和母亲待在一起的？

参与者：是的，但是不经常。

多尔多：早产儿遇到的重大危险在于感知觉剥夺的状态——沉默和孤独。暖箱就是浸在这种状态中的：没有母亲的气味，看不到也摸不到母亲，缺乏那些确定身体边界的抚摸。在我看来，暖箱制造了真正人为的孤独症。这有点类似于我们在美国做的感知觉剥夺的科学实验。我们让志愿者浸泡在和体温相同的水中，包裹其所有感觉末端，避免任何感知觉的变化。不到五分钟，一些人就完全变得像是精神病患者。另外的一些人变成这样大概需要二十分钟。感知觉参照系的完全缺失，首先让人对身体图示的感知觉消失，然后让人对身体意象的感知觉消失。显然，我们具有的自身存在的观念源于一定量的感知觉细微差异：听觉、视觉、嗅觉、皮肤的感觉和内部压觉的差异。

一个从子宫中出来开始呼吸的婴儿会发现自己处在陌生的空间中。尽管婴儿的性感带是分散的，但这一空间已经被一些作为某种感觉统一体的参照系标定了。他的身体的界限被衣服、摇篮、抱着他并向他确保一定稳定性的手臂限定着。在母亲每次来照料他时，她的声音也能让婴儿认识到他自己——母亲。

然而在暖箱中，婴儿完全和外部世界断绝了联系。他们不能感到自己身体的边界，因为他们是赤裸的。总之，在没有某人作为情感参照系的情况下，他们自己的内部世界被填满和排空了。这些婴儿不明白自己存在于一个几乎不变、始终如一的外部世界中，并有着一个被填满、排空的内部世界。这些被放在暖箱中的早产儿存在成为精神病患者的可能，如果其个人成长经历中有一个过长的分离，这一潜在的可能性就会突然被唤醒。

除了我讲的这些原因之外，早产儿这种成为精神病患者的潜在可能性也来自出生后被剥夺了在子宫里曾经听到的那些父母之间的谈话，那两种他隔着母亲肚皮听到的噪音。

在 IMP[①] 中，那些患精神病的孩子差不多都有过一段待在暖箱中的经历，或一段分离的经历。比如说，因为某种灾难，他们被带到一个陌生的地方，或者他们从未见过的祖母的家中。再比如，他们的母亲在完全没有提前告知的情况下，长达一星期不在家。当她们回来时，母亲不在的这些日子就在孩子的生命中打下了印记。

在后一种情况下，大于七个月的孩子能克服这一挑战，并带着坚强的意志力将自己嫁接到一个新妈妈上。但是，如果孩子太小，这就是一场灾难。孩子很少能重新认出一周前的妈妈。

一周前的"母亲—他"和一周后他变成的"他—另外一个人"之间，产生了一个断裂。

事实上，那个参照着一周前的母亲而存在的孩子不在了。从这一哀悼出发，他把自己的感觉意象重新嫁接到新监护人的面孔上，体重也增加了：事实上，婴儿的身体意象聚焦在母亲的面孔上，并通过它映射出自身。

对于宝宝来说，归来的母亲的面孔、声音和气味，变得像自己心中死去的一个人的嗅觉、听觉、视觉和支离破碎的鬼魂。实际上，和母亲的分离就像一个部分的死亡，他自己存在感和交流的死亡。不管是通过话语，还是通过情感，对于他而

---

① 法国医学—教育机构（instituts médico pédagogiques）的简称。这是一些接待并治疗三到十四岁残疾儿童的特殊公立教育机构。接待对象包括各种智力障碍儿童，以及人格障碍、知觉运动障碍、交流障碍儿童。——译者注

言，母亲始终是一个有血有肉的优先交流的存在。她有自己的语言，因为是她在说，在对他说。

妈妈强加给孩子的这一隐隐的死亡让他感到痛苦。如果孩子还不到七个月，他就会变得无动于衷。这很严重，因为不知不觉中孩子可能会在几天的时间里迅速变得自闭。

大于七个月大的孩子会表达自己的不满，会逃避母亲的目光，会把头转过去，甚至对着这张对他来说代表着死亡的面孔发出尖叫。

从母亲这方面讲，她会变得焦虑并感到自责，觉得孩子会记恨在心，不再爱她。并不是这样的。孩子当时心里很难受，于是就在母亲不在的日子里紧紧抓住新的保姆，来面对他所遇到的这一想要劫持他生命成果的威胁。

这个带着死亡的女人，她想要我怎样呢？他这样问自己。

如果母亲能在回来后和孩子谈谈自己为什么不在家，而不是去抱他或爱抚他，事情就会慢慢得到解决。实际上，应该用一些微妙的语调，用自己的心而不是身体来表达。母亲承认自己的孩子是一个有欲望的人这一点，能把孩子在分离这一冲击之前的个人历史的统一性交还给他。一旦重新被统一为话语的主体，孩子就能整合那些他身体和感受中的感知觉的考验。

如果母亲不理解发生了什么，孩子就会掉到孤独症中。

他不再看别人，他的表情凝固在悲伤中，或者对自己身上发生的一切变得无动于衷。他和人类不再有任何联系。

有时，幸运的是，他对一只家养动物或者对一个物品、一组类似的物品保留着特有的兴趣，比如说，一些小勺子。在这种情况下，掉了其中一个勺子，就会让他陷入强烈的惊慌失措。这个孩子有一个退行，他紧紧抓住了某一知觉。对于他而言，这一知觉既和自己身体的一个部分快乐的记忆连在一起，也以恋物癖的方式和某个代表着他和母亲的关系的东西连在一起。

　　他总是重复着表面上看起来完全没有意义的相同手势和强迫行为。人们常常认为他们智力低下甚至失聪，但并不是这样的。由于无法忍受的痛苦，由于在面对别人时无法把自己当作一个整体，他慢慢把自己封闭了起来，并且看上去脱离了所有的人际关系。

　　有些孩子还保留着对于人际接触的寻找，但这仅仅止于用后背依靠着一个人的身体，或者用上手臂、手背、身体其他一般并不用来接触的部位来和人接触。

　　他们给人一种完全不属于我们星球的感觉。有件事情非常惊人：这些孩子永远不会让自己饿死，但是他们什么都吃，就像完全没有味觉分辨能力。没有什么能给他们带来快乐或不快。与我们通常的认知相反，他们敏捷非凡。尽管看起来毫不留意，但他们绝不会落脚在有障碍物的地方。

　　我要讲讲有些母亲是怎样按照我的建议，让她们的宝宝从这种类型的孤独症中走出来的。这通过我在法国国际广播电台做的节目获得了验证。尽管出于警惕，她们很早就留意到了孩子行为的不正常之处，但这些母亲很少得到全科医生们的理解："你把孩子照顾得太过头了，这会慢慢变好的。"她们是被这样告知的，可问题变得越来越严重。孩子身上出现焦虑以及睡眠障碍，他试图通过强迫重复某一荒谬手势来耗尽能量，从而掌控这些焦虑。

早期的离家出走也是一个症状。我想说的是那些十八个月大、两岁大的孩子。只要一开门，他们就往外跑。事实上，他们要去寻找自己几个月大时在一个突然的分离中失去的那个人。

关于这一点，有十来个孤独症孩子的母亲通过我在法国国际广播电台的节目写信给我。我回复她们，要求她们通过记忆和照片，找一找孩子大约是从什么时候开始不再和她们通过目光、微笑和哭泣交流，来表达他们不同时刻活着的快乐和不愉快的。

接下来，当她们找到这一交流中断的确切时期后，我鼓励她们去探寻在这个时期中发生的事情。总是能找到一个事件：某人去世，搬家，母亲连续好几天不在，父亲或者母亲戴孝，一个宠物未被告知的突然离去，一个兄弟或者姐妹上幼儿园，周围环境的突然改变，一次意外的短期住院，甚至母亲感情上的一个难关。

一旦找到这个事件，我就要求母亲最好在孩子临睡时，在不爱抚孩子的情况下，向孩子讲述并且解释当时发生的她没有意识到的一切。我鼓励她们提醒孩子当时他们穿的衣服，她喂他们吃的食物，以及她唱给他们的摇篮曲。

我鼓励她们努力重新找到一些方式，重现孩子在现实中失去这些能力时期的局部知觉。我建议她们向孩子道歉，说自己没有理解他的痛苦，并向他解释她自己的痛苦，以及她在没有理解他需要一些解释的情况下不得不和他分离的原因（那时她并不认为他能理解这些很难讲出口的事情）。

我提醒母亲第一次试着讲的时候，不要在对孩子虽然肯定在听但显得无动于衷而感到吃惊。第二次、第三次试着去讲以后，所有这些母亲都欢欣鼓舞地看到自己的孩子在看着她们的眼睛，并重新开始对她们微笑了——这是好几个月以来的头一遭。在这种情况下，孩子能够和当前的母亲一起重新找到在他还健全时，还和先前同一个母亲保持交流时从前的身体的退行意象。

在这些例子中，我就这样让孩子在几天里就痊愈了。这样一个没有仅由治疗师完成的工作的好处，在于能够极大地节约孩子的心理能量。

不幸的是，这只有在孩子不超过三岁时才有可能奏效。三岁以后，没有治疗师的帮助，母亲一个人是很难让孩子恢复的。毫无疑问，象征性的功能在人类身上始终活跃着。事实上，对于孩子来说，一切皆语言。在缺少和母亲、父亲、兄弟姐妹以及周围人交流的情况下，孩子自己构建了和周围客体们的关系，并创造了一种幻觉式的内在语言。这一语言让他既听不到周围人的话，也对他们说的话不感兴趣。

孤独症患者有一种内容非常丰富，充满我们注意不到的含义的交流。他们在一个抽象的、不可理解的世界中走得更远。

就像一些没有耳朵的音乐家和一些没有眼睛的画家，他们的创造力始终很活跃，但永远达不到为他者进行创造的阶段。这是一些没有办法和这个感觉、情感的世界进行交流的幻想者、画家和诗人，始终被享乐（jouissance）和痛苦压迫着。

他们始终缺乏他者。

那些不停换保姆的家庭条件优越的孩子，同样会处在一种类似于孤独症和精神病的处境中。这耗尽了他们和某人在一段关系中扎根的潜力。就是这一精神病的潜在可能性让脆弱的主体在初恋失败时自杀。

尽管他是在性—生殖期经历这一事件的，但是其中有些他无法承受的东西，因为这一关系的突然破裂唤起了他曾是孩子时和那个让他赖以生存的人分离的不幸。如果能快速地做一个精神分析，许多这样的自杀本来是可以避免的。事实上，这个问题并不需要长程的治疗。我治疗过的一些人，他们在第一次恋爱时重新经历了和一位离去时让他们完全变得空荡荡的保姆的最初关系。

这是过去的某些东西的再现，他们中的一些人正是由于这个才永远从中走了出来。他们重复了以前的经历，并走了出来。精神分析家的作用在于在移情中重复，并让分析者获得自由。

嗯，回到希贝儿的个案上来。当你对她说"我有一个鼻子"时，同样是在对她说："我脸上有你爸爸在其他地方有的东西。"这就起作用了！

参与者：嗯，但是我们怎么能仅仅通过一个能指，就成功地让这些石祖的形状显现出来呢？

多尔多：通过给她指你的鼻子，难道不正是以这样的方式告诉她"你出生（née）①了"吗？没有人曾这样对她说过。你应该是通过对她的移情，向她指出了，她曾是你的新生儿。这个新生儿有权变得积极或者消极。

这意味着，你清楚地知道石祖的形状不仅仅是阴茎这个凸起、延长的形状，也同样是脐带的形状。

参与者：但它从来没有被看到过。

多尔多：你指什么？脐带吗？它曾经被胎儿在子宫里抚摸、摆弄过！它在绘画中的表现形式，就是一种和触摸有关的东西，就像我们在空间中触摸物体一样。有些画是用形状来表现的，有些画则是用能量来表现的。旋涡状线条并不是用形状来表现的画，然而在子宫里确实是像这样蜷缩着的。

旋涡状线条是一种扩张动力的表现，是生命冲动自身的象征。看看那些自己打转玩的孩子吧。我们也都是打着转诞生的：这就是寻乳（rooting）②。也就是说，小宝宝通过这种自身旋转的方式，从胎儿生活的幽暗之地来到光明中。

---

① 这里的"鼻子"（nez）和"出生"（née）在法语中发音完全一样，因此，多尔多在这里做了一个词语游戏。——译者注

② "寻乳"是精神分析家斯皮茨（Spitz）给婴儿出生时头往左往右、寻找乳房这一动作起的名称。——译者注

我们通过自身旋转从母亲的生殖道中滑落。当然，那些剖宫产的孩子没有整个身体的"寻乳"动作。

在心理治疗中，当一些五六岁的孩子画出作为生命启动基本形状的旋涡状线条时，这也是他们重新开始生活的迹象。

八九岁的孩子用搬家的车子来表现它。旋涡状线条就是从中心到外部的发动。我们整个生命都是像这样进行的。这是我称之为"动态意象"的东西。你们去看看那些只能旋转着自己上下楼的精神病患者，他们就像一些往地下扎的旋转的根。他们用自己的整个身体在空间中描绘诞生的动力，却永远无法从中走出来。

让我们回到脐带上来。所有的胎儿都曾紧握脐带。也就是说，他在手掌里有一个脐带想象的表象。这涉及一个"肉体化"的能指。因此，所有的孩子都能在生命开始一段时间以后，把那些自己通过触觉感到的东西画到纸上。绘画就是一种触觉的隐喻，就是一种对过往经历隐喻性的移置。它是一门语言，但是是一门触觉的语言。这是手上的语言。眼睛在后来才赋予画的东西某种意义。在孩子那里，这是非常清楚的。他们随便画，他们的眼睛通过对于自己看到的东西的联想赋予画意义。

参与者：你难道不认为，一旦出现笔法，我们就处在了石祖的领域，有了我和非我的划分了？

多尔多：在这种情况下，石祖性的东西就是韵律。因为笔法可能仅仅是韵律的一个简单再现。

参与者：你刚刚提到感知觉的对立。比如说，音素水平上的对立能赋予一句话某种意义。韵律会因此具有能指的效果？

多尔多：是的，当然。

参与者：因此，你觉得所有韵律的感知觉都有能指上的含义？

多尔多：对，其中有一些能指。

参与者：总的来说，除了我们习惯上认为的音素，也就是这些声音意象的能指以外，还有另一种类型的能指？

多尔多：是的。它们不是一些意象，而是通过父亲和母亲的嗓音对他们的能指的知觉。

归根结底，我之所以和你们说这些，是因为我想改变目前的暖箱系统，创造一个至少是听觉的世界。

有个从美国回来的人向我描绘了一种配备母亲心跳声的暖箱。当然，它装的是一颗永恒的心，没有情绪，绝不会怦怦乱跳。但这已经很不错了，因为这些孩子的预后得到了可观的改善：他们很快就有了正常的体重。

有趣的是，护士们差点疯掉，因为她们突然丧失了时间观念。必须用闹钟提醒她们给孩子喂奶的时间。她们花了很长时间才重新找到我们每个人都有的时间流逝感。她们沉浸在胎儿能指的音乐中，似乎失去了现实感。

参与者：心跳，这是一个基础能指？

多尔多：这是一个前时空的基础能指，因而也是胎儿的能指。

参与者：这是一个可以和有韵律的音乐相比的能指吗？

多尔多：是的，绝对是。我们对流逝的时间失去现实感了。身体的空间以一种重复的方式被投注了许多能量。当看到人们随着非洲音乐跳舞时，我们不禁要问，他们从哪儿找到了这么多肌肉能量，能接连几小时按照同一个韵律跳舞？这确实是因为他们失去了现实感，仅仅在享受活着。但是，我们没想过孩子在子宫里听到的东西。他们听到的自己的心跳和母亲的心跳。这些心跳互相呼应，互相碰撞，互相失调，并产生一种真正的鼓点节奏。我们一起来试一分钟。我来模拟胎儿心跳的钟摆状鼓点节奏，你们来模拟母亲的心跳：一下重一下轻，再慢一点。

假设孩子诞生了。他现在只听得到别人的心跳，听不到自己的心跳了。在母亲胸口，他听不到自己的心跳了。他会由此处在对自己胎儿心跳声的告别中。也许他觉得这是对胎盘的告别，后者代表这种钟摆状心跳声。

在我看来，这应当是一种被包裹在羊水中的安全感的丧失。也就是说，一个早期的、前嗅觉和前呼吸期的母亲的丧失，或者他自身内部安全感的消失。对此，他无法通过象征化来表达。

难道保姆们不正是出于这一直觉，才用一种快速的节奏来摇晃孩子的摇篮，让他们在不舒服时感到安心，并平息他们的尖叫的吗？同样，当抱着孩子但不知道他们因什么感到痛苦，无法安慰他们时，我们会自发地找到一种钟摆状的节奏来晃动孩子。所有这些都好像是在说，对孩子而言，胎盘中早期生活的某个东西能通过这一行为得以象征化。一行为如此普遍，肯定是有意义的。

在作为我们每个人基础自恋的安全感的组成部分，韵律是极为重要的。这一基础自恋完全是无意识的，并和他者的力比多领域融合在一起。如果我们重新来看这个最初客体的丧失的意义，这个客体甚至还不是一个客体，我们可以称之为共同主体（cosujet）。某些孤独症孩子的行为，甚至所有宝宝无聊时的身体摇晃，都是一种这样的语言。它试图重新找到丧失了的韵律和一种目前缺乏的安全感。所有这些由母亲的行为印刻在胎儿身上的运动，这些强加给胎儿身体的韵律，这些母亲心脏和乳房的搏动、听觉的韵律，也许就是韵律和节奏的创造者们在所有那些非旋律性音乐中所要寻找的东西吧。音乐的旋律部分是对口头交流的象征化，当后者不能完整表达情感时，旋律就起了补充作用。

现代音乐的节奏，对于紧缩韵律和切分韵律的探寻，用不同的或低沉或清脆的噪音创作出的艺术作品，难道不正是想要象征化胎儿印象的尝试吗？当羊水压力不同时，胎儿在子宫中的位置、他的手对脐带施加的压力以及他对胎盘的压重让大脑供血发生变化时，母亲的心跳会随着身体上的动作和情绪上的变化而变化，胎儿就能听到母亲更低沉或更清脆的心跳声。

有些人在实验性节奏音乐中想要实现的，不正是所有这些他们生命韵律上的变奏吗？

在西方，这类音乐是崭新的。从意识层面上讲，我们说它受到了黑人音乐的影响，但很难断定这只是一种文化上的传播现象。我想更多是 19 世纪 20 年代以来的婴儿教育模式导致了这种类型的音乐。从那个时候起，孩子不再被抱得像以前那样多了，也不再有以前的那种摇篮了。城市生活的噪声，马达声，警车和救护车的鸣笛声，火车和飞机声，刹车声，以及此前所没有的那些金属声，也都和成人的话语声混在了一起。

这种声响氛围和过去的教堂钟声完全不同。《雅克兄弟》[①]的叮当声只对应于 1900 年以前的孩子。今天，它完全过时了。

我们知道，不管父母身体自如的程度如何，所有的孩子都会在听到广播电台的音乐时随着韵律晃动胯部和骨盆。他们脸上表现出的这种快乐的直觉是从哪里来的呢？

我们很清楚，所有已知的快乐都和我们早期的一些（身体）意象有关。

---

① *Frère Jacques*，一首非常出名的儿歌。歌词的大致意思是问贪睡的修士是否听到起床做早课的铃声。歌词如下：雅克兄弟，雅克兄弟，快起床，快起床。去把晨钟敲响，去把晨钟敲响。叮叮当，叮叮当，叮当叮当当！1926 年，国民革命军北伐，第四军政治部宣传科科长邝墉借用《雅克兄弟》的曲调重新填词，创作了国民革命军军歌《国民革命歌》，使得该曲唱遍中国。后来，该曲又被重新填词，即在华人世界中流行不衰的《两只老虎》。——译者注

第十二章

孤独症孩子的想象世界——一个被解读的强迫冲动的例子——对于肺腑感知觉的窥伺

参与者：韵律对患精神病和孤独症的孩子的重要性表现在什么地方？

多尔多：韵律对他们来说非常重要，因为这些孩子的内在语言是由一些属于这一领域的语言元素构成的。孤独症孩子是一个凭借其肺腑的不同知觉而拥有一个想象世界的孩子。由于某些对外部世界的知觉，这些不同的肺腑知觉具有了意义。

对于一个主体来说，象征性的功能在于赋予他在同一时间、同一地点，和一些愉快或不愉快的身体感觉连在一起的外部世界中的感知觉片段间的交汇以意义。

因此，在窥伺着代表"他—她"存在的母亲回来时，处在口腔冲动中的孩子如果不能得到满足，就会通过幻觉让自己在感到惊奇的知觉中找到后者在场的假象。

例如，孩子的身体感到饥饿，这时，他又看到房间的窗帘被风吹动，听到外面有警报声。

这些视觉、听觉和饥饿感在同一时间里的交汇，将被他用作母亲在场的假象，创造出母亲即将到来的幻觉。

就像这样，他会在一段时间里忘掉渴望得到母亲照料的需要，以及和母亲这个完整的人相遇的欲望。

这个孩子试图重现风吹窗帘的场景和警报的声音，以便重新找到饥饿感。自此以后，对他而言，这就成了母亲即将到来的假象，即一种安全感的来源。

实际上，他上当了，就像那些食肉的鱼上了鱼钩上的亮片的当。

这个孤独的宝宝可能因此落入陷阱中，并在自身建构起一种相对于语言编码而言反常的符号体系。

孤独症孩子的许多强迫重复动作对于他们自己而言，意味着母亲的在场以及与一些不可见的存在的相遇。这些不可见的存在替代了那个常常缺乏的，通过人类表情、声音和视觉编码来构建孩子精神世界的肉身存在。

如果能够通过话语告诉这些孤独症孩子那些让他们上当的东西的含义，从而解码这些强迫重复的刻板动作的话，我们这些精神分析家就会成为母性形象的替代者，重新为他们引入人类的语言。

我记得自己接手过的一个令人吃惊的个案。在来见我以前的两年时间里，杰拉尔一直在做心理治疗，却始终不见效。他是一个由母亲独自抚养大的独生子。母亲是裁缝，在自家狭窄的住所中用缝纫机缝制背心。在杰拉尔上学前，母亲并没有发觉他发育迟缓。他看起来完全正常，能轻松地完成日常生活中的小任务，并在接下来的时间里静静待着，一直看着母亲工作。母亲很忙，只在吃饭的时候才和他说说话，但他从来都不回答。

上学以后，杰拉尔变得状态很不稳定。他很怕人，几个月后被认定无法适应学校，被赶了回来。他在学校里开始强迫重复一个在家里从未做过的动作。他的前臂围着肘关节转，左手不停在水平面上一来一回，右手放在身体前方。有时，他的左臂夹着东西，并做出上上下下的动作。

对于他们生活方式的回忆让我想到孩子在学校这一陌生环境中可能感受到不幸，这促使他通过这些看起来很奇怪的强迫重复动作来象征性地表达和缝纫机一起工作的母亲的在场。

上学没有给他带来能代替和母亲的关系的愉快的语言经验，我认为，处在俄狄浦斯期的杰拉尔认同的是那个占据并支配了母亲的东西。

如何通过认同这台缝纫机成为妈妈的丈夫呢？如何认同一个部分客体——踏在踏板上的母亲的脚——也许是他的性器官？如何像她那样成为背心的制造者？这些背心从缝纫机上一直摊到地上，代表着一种权力：当着孩子的面，母亲每周按照背心产量拿报酬。

那些在精神病学的诊断中被称为孤独症孩子强迫重复行为的东西，实际上是一种语言。对于拉杰尔来说，这是对母亲和缝纫机说的语言的象征化，同时也是对作为母亲的他者的机器的认同。这台机器通过运动生产背心，而一旦母亲完成工作，他就能重新拥有母亲。通过孤独症，他抵触对于他来说没有意义的社会生活。在缺乏其他成人和母亲作为（他和外部世界）中介的情况下，杰拉尔通过扮演母亲的主人，经历了一个反常的俄狄浦斯期。他通过"扮演"机器来"扮演"父亲。

在母亲在场的情况下，通过几次晤谈，凭借我对反映他欲望的聪明的强迫重复动作的解读，杰拉尔完全从孤独症中走了出来。

这个独特的个案让我觉得，宝宝们所有的强迫重复行为，诸如不起眼地吸吮手指，或者孤独症孩子复杂的强迫行为，都是在缺少习惯性编码的情况下，作为人类的他们对欲望的象征性表达。

参与者：我在想韵律，尤其是诗歌的韵律。诗歌由一些词语构成，它们并置在一起，其中有一种同样是完整的能指的音乐。

多尔多：嗯，尤其是嗓音。想象一下有个嗓音来读这些诗句，来解读它们。在诗歌中，这尤其和嗓音的音乐性相关。我想，诗歌在本质上多了一个能指。这其实就是那个读它的人的嗓音。即使我们在默念，也不仅仅是眼睛，而是整个身体都牵涉进去了。我看到过一张 X 光片，其中一个人只是在用眼睛看，并没有动嘴，但他的喉咙却会随着那些词句振动。

一个耳鼻喉科医生研究过加那利群岛考麦拉岛上的原住民，他们用吹口哨的方式说话。这很有趣。因为在咖啡厅里，他们不是互相说话，而是在桌子与桌子之间吹口哨。大家都能通过口哨相互理解。

这个耳鼻喉科医生给吹口哨的人的嗓子拍了 X 光，结果显示，尽管他们是在吹口哨，他们的嗓子还是说出了那些他们本应说出的话。既有口哨的韵律——这是一个词语符号，在吹口哨的同时，他们也在用喉咙说话。这是大家都没有预料到的。

这些话被叠加在可以被听见的口哨音背后，但是它们清楚地被说出来了，就像一个阅读者在阅读时看得明明白白（能够被听到）。当地人听到的是这些口哨节律背后的话语。因此，这不是一套编码，而是一种真正的语言，身体是完全参与其中的。

诗歌阅读牵涉到喉部。和咽部不同，喉部是心灵交流这一欲望的场所。咽部是一个为了满足需要或者欲望，反复吞下部分客体的场所，因为母亲常常通过满足（孩子的）一些需要，来满足自己的欲望。她们以为孩子想要吃的，但孩子要的其实是一些话语。那些说话困难的人就是有很多东西被卡在咽部了，因为这是一个（欲望和需要的）交汇之所。

向心方向的客体吸收是一种满足需要的手段，而欲望是离心方向上的交流。通过排出空气，通过用口腔肌肉来划分格律，一些喊叫和话语就从主体身体内部传到了他想要交流的对象那里。通过接收对象发出的声响，我们同样以向心的方式，让自己像主体一样处于对话者的位置。这和食道里发生的事情完全不同。我觉得，研究咽喉部这个交汇之所是非常有意思的，这是一个在孩子的请求和母亲的回应之间含混的地方。在这个意义上，母亲常常用食物进行填喂。她们并不是用话语来回应宝宝的召唤。后者实际上是一个对于交流的召唤，是孩子的欲望而不是需要的请求。

母亲能很快区分那些表达需要——渴、饿等——的叫喊，和那些表达欲望的叫喊——要求在场或者要求话语。如果观察身边的宝宝，你们就会发现，一个因为饿了或者渴了而叫喊的小孩子，一旦看到妈妈出现，就会停止喊叫：他完全等着吸收，不再制造任何喧闹。整个发音器官不再发出声音，喉部不再工作，此时咽部正在等着吞咽一些东西。

那些希望母亲在场的孩子在见到妈妈后，会继续叽叽喳喳，继续表达自己。如果这时母亲给他一个奶瓶，那真就让人绝望了。

参与者：最糟的是给他一个橡皮奶嘴，因为这会让他有嘴里含着奶瓶的错觉，会阻碍他通过叫喊或者发声来表达自己。

多尔多：对。但就算嘴里有橡皮奶嘴，宝宝们也会发出许多快乐的声音，尤其当他们听到母亲说话时。橡皮奶嘴就像香烟一样，并不会阻碍我们继续在一种快乐的状态下倾听或者说话。如果母亲把橡皮奶嘴塞进孩子嘴里让他闭嘴的话，那就是灾难性的。一切都取决于母亲的态度。同样，从孩子的角度看，因为饿了而吮吸大拇指和为了逃避孤独而幻想出妈妈的在场，或出于快乐而吮吸大拇指，并不是一回事。大拇指是孩子在自己身上选取的部分客体，这给他带来了母亲在场的假象。

当然，这是一些很细微的观察，但是我坚持我的观点。我觉得一个母亲最糟糕的行为就在于把一个为了心灵交流而要求（母亲）在场的请求和一个（生理）需要的请求混为一谈。就是这让孩子不能区分自己的欲望和需要。

我们重新回到刚才提到的孤独上。当孩子表现出心灵交流的欲望时，原因是母亲在场的记忆残余变得不够了。他必须重新体验母亲在现实的在场，来重新激活母亲想象性的在场。孩子认出了母亲，也通过母亲得以自认。当他们快活地待在一起时，母亲给孩子带来了一些新的感觉。

这能使孩子充满重新想象母亲的能力，从而能平静地忍受和母亲的再次分离，直到她回来。每一次和母亲重新相遇时，一些新的听觉、视觉和触觉都能让他对她的认识变得更精细。这会在上次分别后留在他的记忆中。

为什么成人不明白这一点呢？毫无疑问，不管出于什么原因，人们并不能真的和孩子待上一会儿。也许，我们永远不会明白，在童年期，孩子通过一些叫喊所表达的请求是他们有智慧的证明。母亲会因此感到焦虑，在注意到橡皮奶嘴能让孩子闭嘴以后，她就认为这就是孩子想要的。给他一个橡皮奶嘴，宝宝就会安静下来，她也会不受打扰。但是所有人，包括她自己都没有意识到，孩子受到了变态的教育启蒙。他的欲望对母亲来说意味着焦虑，对他自己也就变成焦虑了。他会降低要求，选择（生理）需要。关于那些发生在宝宝身上的事，让我们拿个典型的画面（来做比喻吧）：这就像是一个音乐迷整天强迫唱机指针停留在碟片的一个槽纹上，因为他没有准备好聆听接下来的音乐。

如果孩子通过一些叫喊来召唤母亲，而母亲实际上没空，但为他提供一些话语解释，说她心里是想着他的，让他知道自己的请求被听到了，被理解了，他可能会不经风险地、顺利地体验这些失望。

这一失望在得到言说，并且仅仅在得到言说的情况下，对他构成了一种语言的心灵间经验。他没能获得完全的快乐，这一未被满足的欲望就像对这一欲望的表达一样具有了价值。

人不能承受孤独。实际上，就像我们刚才讲到的那样，他会用谵妄来替代孤独。对于孤独的学习是一个长期的苦行。至少，在生命之初语言①还没有得到建构的时候，孩子是不能承受孤独的。这对孩子来说是致病的，围绕着主体的孤独会让主体异化并固着在自己的身体和周围的空间上。危险——这就是孤独症孩子身上发生的事情——在于那个并不会带来什么的窥

---

① 我是在广义上使用语言这个词的：这是孩子和母亲一起学会的用一些周围的空间和物体进行的手工的、趣味性的、机械的、身体的交流。

伺，这最终会转到自身，变成一种对于脏腑的感觉的窥伺。它们占据了那个永远不会回来的客体的位置。

就是出于这个原因，女士，我不希望你刚才提到的在和埃里克的晤谈中做其他事情的态度变成一种常规程序[1]。

参与者：我想补充一下。虽然我忙着做别的事，但时不时地，我会去看看他……我想说的是，我并不是躲在自己的角落里。

多尔多：我想，埃里克清楚地感觉到了你和他有点像在演戏。每个人都假装另一个人不在那儿。恰恰是这个证明了他在那里，不是吗？说真的，我觉得你太担心这个孩子了。

参与者：没有啊。在此之前，我从未谈论过这例个案。

多尔多：我觉得你其实是在用这种态度撩拨他，这曾是一种非常积极的关系。你的态度像是在对他使眼色，说："你表现得好像我不在这儿一样。好吧，那我也像你一样……"

参与者：是的，当然。

多尔多：这是一种默契，尤其是一个能让他重新找到自己欲望的办法。通过这种假装的不在场，你的在场能让他重新找到自己的欲望。你是一个被动的见证者，而不是一个任由别人为所欲为，自己只是看看报就把钱挣了的人。

否则，你只会延长缺乏交流的时间。

我这样说，是不希望你们中的任何人把这当作一个应该遵

---

① 参见第六章埃里克的个案。

循的程序。再说一次，这是一个针对特定个案的策略，仅此而已。必须明白当我们面对着自己的小病人却又假装不在场时，我们是在做什么。我们假装他不在，是为了证明他就在这儿。这并不是一个真正的否认。对于孩子在场的真正否认是那个让他掉到孤独症中的东西。她的妈妈在场，但恰恰不知道在想些什么。也许在想着她的银行账户，想着她的伽马牌洗衣粉，或是别的什么东西。对她而言，孩子并不是一个有价值的对话者。他不过是一个要被填满、排空的消化道，而不是一个将要成为男人或女人的人。

在这种情况下，孩子就可能陷入孤独症。尽管母亲的身体在场，但是她一点也没有告知孩子自己所经历的东西。她既没有意识到，也没有感觉到孩子的在场。这样的母亲是真正无动于衷的人。在这个意义上，孩子可能一直在寻找她，但却永远也找不到。她并不在他身边。她的庞大的作为哺乳动物的身体在呼吸，在运动，但是她这个人却不在，尤其是那个为了孩子而存在的她。

第十三章

整天获得满足并不是快乐原则——欲望让我们精疲力竭，但是我们能够凭借死亡冲动得到恢复——女性的假施虐狂——赌气——处在力比多乱伦情景中的新生儿——失眠或原初自恋与死亡冲动之间的对抗

参与者：你怎么定义这个我们到处都在用的、众所周知的快乐原则？

多尔多：今天，我们一般是在与弗洛伊德提到的快乐原则完全相反的意义上使用它的。按照现在的说法，所有的冲动都应该获得满足。这就发展出一套完全悲观的教育技术，它希望让每个人随时都能获得满足。

然而，我见过太多获得满足的人！他们性生活很满足，但是从头到脚都疯疯癫癫的，并因此在家庭中导致了一系列病理

反应。这个完全相反的意义是由于所有人都认为弗洛伊德讲的快乐原则是意识层面上的，但他瞄准的其实是无意识层面。他说的是一种紧张的释放。也就是说，在人类（力比多的）经济学层面上，所有的欲望紧张都会跌落到紧张消除的状态中。不管我们做什么，我们的力比多经济学都会想办法做到这一点。

我认为，紧张症是一些互相矛盾的冲动之间平衡的典型例子。不论这一紧张是强迫症性的还是癔症性的，快乐都存在于紧张中。紧张症是个体自发的禁欲，用来阻止所有那些可能让他掉入一个性欲化的（sexué）态度中的东西的出现。

不管这是一个缺乏接收客体的接收性的性欲化的态度，还是一个缺乏可释放其攻击性客体的发射性的性欲化的态度，紧张症都是主动冲动和被动冲动之间的对抗。这一对抗让冲动双方都停了下来，变成了零。有没有焦虑呢？如果没有焦虑，就意味着快乐原则是活跃着的；如果有焦虑，就说明缺乏快乐原则。

从一般的意义上讲，一个紧张症患者看上去确实不快活。然而，他处在一个僵化的身体中、活在平衡状态里这一事实，意味着快乐原则在起作用。证据是和实际年龄相比，他生理上的年轻状态非常让人吃惊，就像他被免除了所有那些人类生活中的不幸。我也不禁要问，紧张症患者是不是真的像他们看起来那样一动不动？他们表面上是这样，但应该会感受到一些来自脏腑的身体感受。这同样能被他们用作一种我们觉察不到的语言。在植物性神经受到一段时间的逐渐加深的抑制以后，他们最终变得谵妄起来。也就是说，他们从自己的力比多经济学中走出来，不再停留在这个僵化的身体上，而是投射到其他地方。但是，他们是因为什么才最终变成这样的呢？其潜在的幻想是什么？是为了让自己没有性别吗？为了不被别人打动吗？为了不因为移情而有时成为别人的玩物吗？

我想，弗洛伊德通过快乐原则要说的是一些死亡冲动。那么他为什么会提到这些死亡冲动，他不是在谈快乐原则吗？我能回忆起的是，弗洛伊德在死亡冲动的问题上模棱两可。一方面，他把这说成一些瞄准着死亡的返回主体自身并针对主体的攻击性冲动；另一方面，他把它说成一些放弃做主体的欲望冲动。死亡永远不会损伤主体，它损伤的是自我。它让这个物种消失，让这具人类躯体消失，而欲望主体在受孕前就已经存在了，没有什么能让我们认为它会随着死亡而消失。

我们不知道主体将会怎样（这是我们的阉割），却知道是主体在我们身上确保了欲望，允许了欲望的一些化身，并把它们留在记忆中。在精神分析中，我们不能把个体、主体及自我混为一谈。

参与者：你说的主体是指什么？

多尔多：用精神分析的话来讲，我对此一无所知。它是那个说"我"（Je）的人身上的某个东西。但是语法中的"我"并不是无意识中的"我"。我们最多可以说，它是有动力的，是非时间、非空间的。没有它就不会有语言。它处在话语的节律中，是沉默的组织者和安排者。是谁在做梦？是自我（Moi）还是我

（Je）？我们要与之打交道的这个东西始终是未知的。主体在构成胎儿的最初的细胞中就存在，并随着身体的瓦解而获得自由。

参与者：对你而言，这就是灵魂吗？

多尔多：我并不比你们更了解什么是灵魂。但是要知道，我们的确都有灵魂。灵魂并不是主体，它是意识层面的。然而，我们在精神分析中所说的欲望的主体始终是无意识的。围绕着主体这个概念的，是那些我们没有传递出的，即没有觉察到的欲望。这个"我"，是我们所忽视的自己的真实部分。

我认为，真正的死亡完全不是死冲动，甚至完全相反。死冲动是欲望的一个面——后者通过被动和主动的死冲动和力比多冲动来表达自己——表达一个不再有性欲望的主体的欲望。

也就是说，我们每个人都像屈从于生冲动一样屈从于死冲动。生冲动在我们清醒的时间里占上风，死冲动在深度睡眠中显露出来。它同样会在性高潮中，在快乐的顶点显露出来。在那个时候，主体放弃了自身，不再知道自己是主体。

在和他者欲望相遇的过程中，在欲望的顶点，在性高潮中，死冲动突然出现，导致主体在时空中的某种消失。主体此时不再是自己的见证者，只是成了作为哺乳动物的人。这是一个纯粹的行动。在我看来，这就是死冲动的效果。

幸亏有这些死冲动，否则我们会精疲力竭。欲望让我们精疲力竭，但是我们能够凭借死冲动得到恢复。如果不在自己的基础意象和基本自恋上休息一下，放弃自身存在的观念，并坠入自身存在活动受限的深度睡眠中，放弃拥有的观念、权力的观念，以及征服或防御的观念欲望的主体会让人精疲力竭。

确实，死是我们由生死冲动构成的（力比多）经济学的反面。弗洛伊德在某些时候是这样认为的，但在另一些时候，他又认为死冲动是一些想要导致死亡的冲动。

在想让另一个人的身体死亡，或者想消灭另一个人时，我们是想仅仅把他看作一个客体，否认他作为主体存在的权力。这种想要消灭某人的态度是许多患精神病的孩子的母亲们的特点。

这些母亲想要一个孩子。至于老公是谁，那并不重要。她们只想生个孩子，生下他并照顾他。我觉得，如果我们几天或者一周以后给她们换个孩子，她们甚至都不会觉察，因为这些母亲爱自己孩子的前提条件是孩子活在死冲动中。

因此，这些孩子更容易认同动物，而不是把自己认同为父亲或母亲的儿子或女儿。他们作为从母亲身体中出来的人类标本被爱，但是没有父亲的血统。因此，孩子必须不断否认这一过剩的死冲动，来让自己表现为是自己欲望的主体。对于我们这些心理治疗师来说，临床实践中的要点在于始终用完整的姓名来称呼这些孩子，绝不要把他们称作"小家伙""娃娃"或者"小鬼"，不要把他们当作处于童年状态的匿名的人类标本。如果我们用后一方式叫他们，就像把他们当作缺乏个人历史的主体，即处在死冲动中的主体。我们看上去的确是在对在场的这个人说话，但我们究竟是在对着谁说呢？当我们用他的姓名来称呼他时，他就会知道，我们是把他当作他自己个人历史的主体在对他说话，我们把他当作处在这个男人和这个女人欲望中的一个独特的、有性别的、在社会意义上无法被取代和不可替换的人。

我觉得，应该区分死冲动和一些目的在于致死的对另一个人的攻击性行为，同样也要区分那些面对别人的让自己变得致命的被动行为。

在第一种情况下，这些行为背后是一些极其强烈的攻击性的石祖、口腔甚至尿道的力比多张力，或者离心/向心的生殖—性力比多张力。因为生殖—性冲动的存在就其定义而言，是为了产生一个活着的有性别的人，而不是一具运转的躯体。

无论如何，这至少是一些尿道的（力比多）冲动，也就是说，是一些插入、干涉、撞击的冲动。冲击是尿道的冲动。在女孩子身上，它是让自己被冲击的冲动；在男孩子身上，它是插入生殖—性区域的欲望。

在女孩子身上，这是一些和最终的生育没有关系的冲动，我们可以称之为前生殖—性的阴道冲动。这一冲动紧张的释放确实和侵犯的欲望连在一起。女孩子渴望自己的生殖—性区域受到侵犯，男孩子渴望侵犯、撞击、进入其中。

所有这些都是尿道（冲动），可以被用于这一区域的紧张的释放。在女孩身上，它可能和口腔冲动混在一起；在男孩子身上，它可能和肛门冲动混在一起。

男孩子的尿道和肛门非常接近。我们能在二十二、二十三个月大的小男孩身上注意到这一点。他们不能区分大小便的感觉，在母亲换尿布时，这常常导致一些很可笑的场景。许多母亲不知道这一点，就调侃自己的儿子，并把他们和女儿做比较，认为他们是傻瓜——如果她们有女儿的话。

事实上，女孩子很早就能在两种便意之间做出区分。如果父母不赋予身体功能一些准确的话语，以便让男孩子区别小便和大便的内部感觉的话，肛门主动冲动和尿道主动冲动的确有可能被混淆。这些内部的感觉能诱发带着自豪感和欲望的纯粹生理性的勃起。

对于女孩而言，这是一个想要被穿透并成为另一个人的客体的欲望。这个欲望能让一个女人变得兴奋，并要求那个和她做爱的人带给她一些疼痛。这就是让男人有点太快地把女人当作女性受虐狂的东西。事实上，如果一个女人对自己被控制、被穿透的身体感到自在，如同她不再需要为自己的欲望负责，紧张的释放和性高潮对她来说也同样愉快。

我们知道，人类的负罪感来自要为自己的欲望负责，又不知道要具体对什么负责。他不知道这始于何时，又终于何处。因此，如果有人负责，那最好不过了。负罪感总是在别人对你的欲望负责时产生。

这就是男人们称之为受虐狂的东西。事实上，这更多是一种寻找快乐，但又不用为自己的攻击性负责的策略。它绝对不是对于痛苦的追寻，就像在施虐狂的快乐追录一样。这是一个女人在其生殖道中体验到的想要让自己有权体验的口欲冲动。

如果对方没有完全征服（压碎）她的身体，在对方插入的时候，她又如何能相应地觉得自己有权去征服（压碎）对方呢？

所有这些，这些压碎，我是故意用这种方式来说的。它们是一些攻击性的口腔冲动。打斗则是一些肛门冲动。

参与者：肛门冲动？为什么？

多尔多：因为在孩子身上，这是身体骨架上横纹肌发育的时期，同时也出现了对由横纹肌组成的括约肌进行控制的可能。这些括约肌一方面由早期的神经系统控制，后者决定了我们无意识的植物性行为；另一方面也受大脑皮层控制，后者是我们有意识的意志的所在地。因此，它们就像心脏一样受到双重控制。

心脏是一个不受意识层面的意志控制的横纹肌，然而在经常打坐冥想的情况下，它最终也能屈从于后者。有些瑜伽士就提供了这样的证据。他们能做到降低心脏肌肉的搏动，让它每分钟只跳三十下，而不是正常情况下的七十下。要做到这一点，需要可观的想象性工作。在没对一个能掌控其内脏肌肉的上师产生移情的情况下，这是不可能实现的。

正是通过对后者——这个能掌控其内脏肌肉的人——的认同，我们成为学生或者学徒，就像孩子自愿听父母的话，成为他们的部分客体，让自己受这些有着自己想要获得的控制能力的人的引导。

只有摆脱对于上师或父母的这一移情，个体才完成训练，并获得他自己的控制能力。这证明以移情和冥想为手段，通过这一无意识的掌控工作，有些人能够让他们的横纹肌——植物性或内脏的横纹肌——同样成为欲望主体的所在地。然而，对于我们中的大多数人而言，这些不同的肌肉一般是死冲动的所在之处，也就是说，缺乏欲望主体的参与。对于我们大多数人而言，内脏肌肉及其运作是死冲动的一部分。此外，在睡着时，主体的紧张程度在生理上是最低的，心跳程度是最慢的，呼吸是最深的。没有情绪的作为哺乳动物的人活得很好。在那些孤独症孩子身上，我们能看到主体是缺失的——我们不知道它在哪儿。它可能存在于各个方向，但到底在哪儿呢？没人知道。但是，这些孩子身体很好，从来不生病，因为他们差不多完全处在死冲动①中。一旦一个孤独症孩子有所改善，他就会不断感冒，或者耳朵不断发炎，患上孩子们通常都会患的疾病。因此，这些死冲动有时主动，有时被动，但始终是反射性的，是不属于主体的。好吧，可能不是反射性的，我认为更多是不能被主体的意图所修改的。

从七岁起，癔症性的抑制就只能对横纹肌外层肌肉—骨架起作用，而完全不能对内脏肌肉起作用。

在小孩子身上，这刚好相反，癔症能对消化道和呼吸道起作用。但是，从对运动的身体，对走路、行动、跑步开始进行能量投注时起，内脏肌肉就不再屈从于意志，不再受其控制

---

① 也许这里涉及的是和在受孕这一原初场景中被体验到的、存在的享乐非常接近的死冲动，"主体—非主体"则犹豫着要不要化为肉身，要不要成为男性或女性，要不要为了谁而活下去。

了。它们进入无意识而不是前意识情绪的影响中。这一点并没有被精神分析家们充分研究。精神分析家、医生和儿科医生应该一起来研究腹泻、呕吐、（消化道肌肉）过度蠕动或蠕动不足、肌肉的锁闭和痉挛、肠套叠等，并把它们当作一门语言来解码。

重新回到死冲动上。许多人把它们和一些被动冲动混为一谈，在我看来，这是一个很大的错误。这是由于被动的个体看起来完全精疲力竭。但是个体感觉到了什么呢？他也许正在嘲笑你，给你设陷阱，因此从力比多的角度看非常主动。他人观察到的行为永远不能让我们假定在这一行为背后是哪些冲动在起作用。

无论如何，永远不要根据外在的行为来确定治疗所涉及的冲动。

对我而言，还有些问题没被解决，被动的攻击性冲动和死冲动看起来非常复杂。我很难清楚地区分它们。总的来说，我们能在赌气的形式中找到这些冲动。赌气是为了说一些不平常的话，属于被动表达的攻击性冲动。

这些攻击性冲动是针对他人的，但由于表达方式是被动的，它针对的这个镜像中的他人就通过认同的游戏，以一种被动的方式将自己的被动攻击性返回到主体身上。主体自身就成了自己被动攻击性的被动见证者。也就是说，如果他人无动于衷，他就会让自己陷入困境。但如果他人感到被攻击了，结果可能还是一样。

在这里，有些事情发生了。这是一个力比多表达的不归点，可能导致通向死冲动。我认为这一以抑制为中心的态度属于癔症范畴，但是，只有自己是自己唯一伴侣和对话者这个事实——因为当我们赌气时，没有任何人可以说话——就像一个真正的陷阱，会导致严重的退行。后者可能会引起非常严重的去自恋（dénarcissisation），以致赌气者会放弃当主体，并掉到死冲动中。

通过用自己的态度来激起攻击性，赌气者在其中找到了一种满足。但是，一方面，他不能表达这一满足，因为他陷在自己的赌气中；另一方面，他也不能放弃这一行为，因为他在其中获得了一种满足。这些态度之间的相互作用最终导致一种情绪上的迷你紧张症。在教育中，我们会责备这些赌气的孩子，然而他们却是一些非常敏感，永远不确定自己对于别人价值的人。他们有一种看起来自恋的行为，但事实上，他们的原初自恋并不稳固。赌气者是一些很忧虑的人，他们试着让自己显得无所畏惧。他们试图通过赌气，更好地解决自己身上和周围人不同的极端敏感性给他们带来的问题。面对赌气这一消极的癔症反应，人性化的态度是去同情我们不理解的这一痛苦，但要间接地表达同情。

我们的同情是指向那个经历着赌气的主体的，而不是那个通过表现出赌气把自己伪装起来的自我。尤其重要的是，他周围的生活在继续正常进行。不要让他感到被排除在流动的、有活力的氛围之外，要尊重他看上去想要避开这一切的自由。

我认为，那些精神病性的抑郁（dépressions mélancoliques）正来自于此。最初，那些攻击性的冲动找不到对象。某些生理创伤也可能导致抑郁。例如，一个女人在分娩时大出血。这看起来已经有点可疑了，因为大出血和一个刚刚诞生的生命有关。一个在九个月里和她连在一起的生命离开了她，她不仅清空了宝宝和浸泡着宝宝的水，也就是羊水，同样也清空了自己的血。

　　接下来，她变得对医生们，对她的丈夫，对生活有攻击性，抑郁就开始了。对于新生儿而言，母亲的抑郁是神奇的召唤，促使孩子重新把自己的生命交给她，以便让自己以后能够感到有权放下母亲并且离开。许多孩子的精神病就是以这种方式开始的。精神病就是这样。这些婴儿感到母亲因为给予他们生命而责备他们，他们为从母亲那里拿到了生命而感到自责。这是一个让他们不再能从精神病中走出来的恶性循环。要避开这一恶性循环，他们必须首先给母亲打气。一旦这样做了，他们就和母亲融合在一起，不再能分离。因此，我们看到，许多患精神病的孩子的母亲在分娩时都有过大出血。①

　　我认为，如果我们能向新生儿解释清发生在他们和他们孕育者们身上的事情，他们就不会抑郁了。

　　我想说的是，在抑郁中，死冲动可能会和被动的力比多攻

------

　　① 除此以外，血至少是能量的象征。对于父亲来说，同样如此。孩子的受孕、降生会让父亲感到消沉、抑郁、焦虑，或改变他们的生殖—性能量。所有这些都被视作羞耻，没有被言说过。

击性冲动混淆在一起。

这些冲动被新生儿当作嗅觉、听觉和触觉上的对母亲的窥伺。后者在清空了孩子和血以后，憧憬着某人重新填满她，重新赋予她生命。很自然地，她的孩子，这个她周围所有的人里最敏感的人，将献身于这一任务，来想尽办法回报她。

当然，在她旁边的摇篮中，这个可怜的孩子看起来非常平静安详。没有人能看到，他主体的所有力比多都开始想要把自己转变为母亲的心理治疗师和医生。通过试着完成这一任务，他让自己精疲力竭，从而把这个他从她那里拿来的东西，也就是他自己，他的生命，还给了她。

在这种情况下，被动表达的攻击性冲动，即母亲期待着被充满，让孩子在力比多层面上（有时也在生理层面上）丧失了活力——助产士则可能觉得一切都很顺利。这些冲动具有很可观的力量，比主动冲动更具攻击性，因为母亲的欲望没有以话语为中介得到表达，没有被承认。

没有听到这些话语的孩子就仿佛处在力比多乱伦情景中。

同样的情形也出现在那些一出生就被医生下了不好的判决的新生儿身上，他们的母亲决定通过反抗这一宿命来走出困境。

接下来，这些婴儿就完全被母亲支配，并出现严重的性格障碍。针对这些孩子的精神分析让我们明白，他们曾被自己的母亲强暴，就像发生了真正的乱伦。这让他们被迫活在对社会法则的违抗中。在这个例子中，这一社会法则是由医生的诊断所代表的。对于这些孩子来说，由于从母亲那里两次获得生命，他们觉得对母亲极为亏欠。他们所承担的压力过于沉重了。

所有这些孩子的攻击性都在于推开立在他们和社会之间的那些不接受这一法则的母亲。在治疗小病人的过程中，我们应该让他们明白这一点。

相反，那些由父亲抗议医生诊断的孩子并不会出现性格障碍。在这种情况下，孩子第二次获得了生命，但这是从父亲和母亲两个人那里获得的，因此就没有乱伦。

这就是一些精神病的可能性入口。

总结一下，我认为，我们始终能找到一个突然失去了基本价值参照系，因而失去了认识到自己始终是同一个人的可能性的主体。按照我刚刚和你们谈到的所有这些东西，我想你们很难否认死冲动和一个人身上活力的丧失有关系。

理论上讲，是没有的。但是，在偶然的情况下，是有的。因为我们把它和被动攻击性冲动搞混了。

比如说，有些父母会感到自责，因为他们曾对孩子说希望他去死，说他们本不该把他生下来，因为孩子并没有带给他们期待从他那里获得的快乐。在这种情况下，尽管一个死亡的心愿被明确地表达了，但我们面对的并不是死冲动，而是一些攻击性的力比多冲动。这是一个对爱失望、自恋受伤以及表现乱伦力比多关系的故事，但肯定与死冲动无关。相反，这些父母是真正的父母，他们不抑制自己对孩子的攻击性力比多。

参与者：但是，当一个母亲把自己的攻击性付诸行动，比如摁着儿子的头去撞墙时，其中还是有某种死冲动的。不是吗？

多尔多：不，女士，完全没有！这是一个作用于移情对象上的攻击性力比多冲动。哪个小女孩没对自己的洋娃娃这样做过呢？这是一个把儿子当作恋物对象（fétiche）的女人。不过，在她不把孩子当作主体，而是看作一个东西，一个可以被摧毁的部分客体的意义上，确实存在一些死冲动。①

参与者：在精神分析的临床中，你把失眠放在什么位置？

多尔多：失眠一种原初自恋和死冲动处相对抗的状态。主体恰恰是由于一些自恋上的担忧，不能回到睡眠所代表的对自身的遗忘中。

这让我想到一位精神分析家朋友去世的方式。在去世前的好几天里，他一直要求我们这些他周围的人，在看到他睡着时就把他叫醒。他说："我知道，如果睡过去了，我就死了。"结果确实如此。他的肺有问题，这让他呼吸不畅，他也差不多是死于缺氧。对他来说，尽可能浅地呼吸，不让自己累垮，这非常重要。他知道，自己一旦睡着，就不再有勇气在睡眠中进行这种能让他继续活下去的呼吸了。

在我看来，一些人之所以失眠，常常是因为一整天没有什

---

① 孩子让她失望。他让她感到不舒服，也许她爱他就像爱"自己的屎蛋蛋"一样。这涉及的主要是一些力比多冲动，而不是死冲动。

么沟通和交流，或者过去的这一天让他们心中充满了负罪感。在后一种情况下，他们只能反复想那些他们该做但又未做的事情。

或者，他们之所以不能入睡，是因为他们处在一种过于饱满的欲望状态中，没能成功地和另一个人有所交流。

第十四章

遗尿：一个涉及力比多类型的症状——对让人难以忍受的孩子进行电击治疗——父母变形的俄狄浦斯情结对孩子的影响

参与者：对于六七岁的孩子来说，尿床有没有什么特别含义？

多尔多：所有那些尿床的孩子最终都会在做了一两个关于火灾的梦后停止尿床。

一般而言，他们醒后会很抱歉地发现自己弄湿了床。但在梦里，他们其实是在灭火。所以，大家宽宏大量些吧。他们梦到自己在英勇地灭火，实际上却弄湿了自己的床，并因此挨骂。

这是一种尿道实用而英勇的意象。孩子梦到自己是拯救者，而不是泡在尿里。

事实上，这涉及的是扑灭一些瞄准着房子——也就是父亲和母亲身体——的欲望之火。这些梦始终是那些处在乱伦禁忌中的孩子做的，他以一种完全无意识的方式经历着它。必须灭掉那个地方的乱伦欲望之火，确切地说，这个地方在孩子那里一般是和生殖连在一起的，是和生殖—性的区域连在一起的。

遗尿总是和不赋予性别差异价值（non-valorisation）有关，并根据主体是男孩还是女孩而和不同的力比多类型有关。也就是说，它要么涉及男孩阴茎的离心的欲望，要么涉及女孩阴道向心的欲望（被阴茎插入的欲望）。

力比多的这一离心的或向心的类型非常辩证。例如，当一位母亲不停怪罪女儿用魅力吸引男孩的注意时，她同时在无意识地在怪罪女儿身上向心的阴茎欲望。女孩可能会想："如果有个离心的阴茎，我就可以征服男孩子。"这离想变成男孩而不是做女孩，只有一步之遥。通过想象自己是男孩，她实际上变成了一个活跃的主体。

在动物身上，我们知道从未交配过的小母牛最后会变成不产崽的母牛。也就是说，这些小母牛会像公牛一样骑到另一头小母牛背上，用这种方式表示她们需要交配，表示她们准备好了。你们看，这种通过模仿另一个动物来幻想般地表达身体需要的方式非常有趣。

回到遗尿上来。对于男孩而言，大约是在二十八个到三十个月大的时候，他会在某天发现自己不能在勃起时排尿了。这是一个可怕的挫折。实际上，男性的生理要求一个伴随着尿液喷射的勃起。在此之前，男婴是能在勃起状态下撒尿的。突然，由于精阜这个阻碍在勃起时排尿的生理器官的完全发育，他不能再这样做了。

直到此时，他都生活在某种对世界的理解中，即一切都有意义。孩子经常问："这是用来做什么的?"于是，他开始问自己："这个硬得像块木头，但什么都做不了的小鸡鸡是用来做什么的?"尤其是如果可怜的母亲对此一无所知，却禁止小男孩去触碰它，或者相反，鼓励他在勃起时撒尿的话。

不公平的是，他站在那儿，带着一个勃起成水平状的阴茎，但又不能撒尿，急得发疯。

他越想撒尿，就越不能。这是儿科医生应该了解的阶段，以便向小男孩解释发生了什么事情。可以告诉他，等他长大了，他就可以在勃起时喷出东西，只不过是另一种东西。这能让他安心。

要告诉小男孩，不是只有他一个人是这种情况。他的父亲也曾像他一样，所有的男人都是这样的。这很重要。

我在图索医院的咨询中遇到过一个和祖母生活在巴黎郊区的男孩。祖母让他对自己的小鸡鸡感到非常厌烦和失望，以至于他成功地引发了一场公众事件。由于每天都注意到床头的挂毯是湿的，祖母叫来了村里的警察。警察在调查后得出结论说，这是"湿精灵们"的杰作。奇怪的巧合是，这些精灵从来不在周末这个孩子回父母家时来袭。

这个孩子被带到图索医院见我，因为他自己也开始怀疑这些精灵。成年人则听任他的把戏，同时幻想着出现了一些神神鬼鬼的东西。

在咨询初期，他完全否认自己做了什么，但是画了一些非常不可思议的石祖性的画，到处淌水。后来，他终于告诉我，他喷的尿其实是瞄准祖母的，但从未成功过。

他想搞个恶作剧，因为祖母对他有个小鸡鸡感到很生气。从他小时候起，她就逗弄他的"小红肠"。因此，他决定报复一下。他在学校也什么都不干，只和小伙伴们讨论这块神秘变湿的挂毯。

我用了挂毯这个能指开始我们的第一次晤谈。我对他说："这是她的尿摊（sa pisserie）吗？这是精灵的尿摊（la pisserie des esprits）吗？还是你自己的尿摊（ta pisserie）跑到了祖母的挂毯（tapisserie）上？"

这确实是一个充满男性自豪感的游戏。儿科医生要支持阴茎勃起的孩子，这非常重要，否则孩子晚上就会遗尿。也就是说，白天孩子处于超我的禁令下，不让自己碰自己的阴茎。但是到了夜间，这一在整个白天都受到阻挠的勃起变得无比重要，于是孩子就尿床了。

这和战争期间那些挨饿的人一模一样。他们整晚都梦到大吃大喝。这是一些安慰型的梦，就像弗洛伊德谈到的安娜（Anna）梦到一些白天人们不准她吃的樱桃。

困扰于不再能用自己的性器官瞄准得很远，有些男孩就强迫自己在勃起时撒尿。他的性器官还没有成为一个整体，还是一个和母亲的自豪感连在一起的部分客体。对于小男孩来说，这是这个时期他所认为的一个重要的部分客体，以至于他会问自己，人们是不是把女孩的这个东西给割掉了。

参与者：小男孩面对这个问题时的态度难道不是由他的家庭决定的吗？

多尔多：事实上，一切都取决于教育孩子、满足其需要、尊重其欲望的那个人。这个人是不是在所有那些涉及孩子需要和欲望的活动中给孩子留下了足够的自主性？他在一个人的时候做些什么？他会自己给自己穿衣服吗？会自己梳头吗？会摆放刀叉碗碟吗？如果不想陪母亲去购物，他有权一个人待在家里吗？他有没有一个放自己衣服和玩具的角落？哪怕会着凉，他能在几件衣服中选择穿哪件吗？我们应该和母亲一起考虑孩子生活中所有这些活动，来看看在不直接妨碍别人行动自由的情况下，他有没有自主性，有没有按照自己的欲望行动的自由。

理解孩子作为男孩或女孩的特点发展到了什么地步同样非常重要。

通过考察所有这些，我们能发现孩子是母亲的部分客体，还是想获得自主，并在某些事情上最终告诉母亲："不，不要帮我，我想自己一个人做！"想要自主，这是健全的表现。除了那些非常抑郁的母亲的孩子，这是所有孩子的自然倾向。这些让人无法忍受、始终对抗的孩子帮助抑郁的母亲不致崩溃。如果你们开始治疗一个让人无法忍受的孩子，可以肯定的是，他的母亲有抑郁自杀的风险。

让人无法忍受的孩子确实是穷人的一种长期电击①。他整天阻止母亲陷入一些抑郁性幻想。通过自己的攻击性，他为母亲提供了变得有攻击性的机会，让她留在水面上（不被抑郁吞没）。

母亲自然需要做精神分析。我们则可以通过其他一些方式来帮助孩子。例如，把孩子送去学校，如果母亲还没把孩子送去上学的话。

一个母亲自其诞生就抑郁的孩子，或者母亲在分娩时大出血的孩子，常常比其他孩子更被动。因此，他会尿床。这不是由于性的（力比多）的未投注，更多是由于他发展中的被动性，因为孩子及其诞生是一些引发母亲（或者父亲）灾难的事件。

我们知道，婴儿是母亲的第一个心理治疗师。

参与者：回到你提到的孩子在其日常活动中自主的话题上。我记得听你讲过一个案例，其中，你禁止母亲替孩子擦屁股。你当时究竟是怎么说的？

多尔多：但那是个大孩子了，明显超出需要母亲帮助他清洁身体的时期了。从三岁起，一个孩子就可以自己大小便，并在没有母亲帮忙的情况下洗漱。当然，他还并不能做得面面俱到。但这时他只需要得到母亲的话语和关注。这是母亲们通常

---

① 有精神病学中，电击疗法往往被用于治疗抑郁症状严重的重度抑郁障碍患者，尤其是当病人精神病发作或表现出自杀意向时。——译者注

做不到的。她们要么直接上手，要么武断地宣称："你自己一个人做！"然而，孩子需要话语这一中介。当一个孩子六岁后还不能独自洗漱穿衣时，我会惊奇地对他说："你是不是真的相信，你学校里的小伙伴也都不知道该怎么自己洗漱呢？"如果这个孩子有同龄的小伙伴，我会继续用这种方式，说："你觉得你的小伙伴也是让妈妈给自己洗澡、穿衣和穿鞋的吗？我很吃惊，因为他是你的朋友，我觉得，他是一个能自己照顾自己的男孩。"毫无疑问，这是真的，因为被动的男孩常常会选择主动的男孩做朋友，后者是他们的榜样。

事实上，那些自己不太能照顾自己的孩子的母亲通过不断抚爱孩子，通过无微不至的照顾，在身体上过度满足了孩子。她们最好这样来照顾丈夫，但有意思的是，她们从来不往这方面想。从她们有孩子时起，她们就忘了自己以前对未婚夫慷慨付出的照料了。

我们最有效的行为，在于不断提醒这个女人在有孩子之前和丈夫在一起时的生活方式。她们中的许多人并非对丈夫有了很多负面看法，只是失去了对他表示关心的习惯罢了。因此，丈夫就逃到家门口对面的咖啡馆，等着她做饭、洗碗、照料孩子睡觉那一套——铺床、讲故事、摇篮曲。他受够这些了。

能帮助到所有人的最好办法，就是帮助这对夫妻重新连接，让俄狄浦斯期重新变得可能，让妈妈的心思回到爸爸身上。这样一些简单的做法是很有效的，但前提是要说出来。

同样，当父亲被迫离开家一段时间时，为什么孩子要到父母床上和母亲一起睡呢？在这种情况下，要见见父亲，让他重新占据母亲和孩子之间的这个分离者的位置。这非常重要的。

参与者：如果父亲很久以前就离开了家，和另一个女人一起生活，并把自己的位置留给儿子，让他和母亲单独在一起，在这种情况下，应该怎么办呢？

多尔多：这很困难，尤其当心理治疗师是女性时，因为这个孩子缺乏父亲的意象。然而，如果我们最终能够通过母亲了解父亲曾经的经历，我们就能通过话语交给孩子一个健全的父性意象。"你父亲不知道怎么做爸爸，因为他自己小时候也没有父亲来教他怎么做爸爸。"重要的在于为孩子找一个正直的孕育者，让他成为一个正直的孕育者的儿子。也就是说，（交给孩子）一个有着健全繁殖力的、在父子监护关系中从未被表达过的男性世系。"如果你父亲在这里，你希望他怎么对你？"应该问他这种问题。这个幻想层面上的工作能让孩子拥有掌控自己的能力，我称之为像父亲一样自己照顾自己的能力（auto-pa-ternance）。与此同时，对于自己性器官的自豪也肯定会让他以后和母亲之外的女人生活在一起，具有父亲的身份。直至遇到心理治疗师之前，在母亲的话语中，她都把自己的男孩认同为那个曾让她失望的男人。

因此，你谈到的这例个案很困难，因为母亲已经处在对孩子的依赖中了。特别是这是一个男孩，而她所缺乏的是一个男人。

参与者：我想到一个离开家的父亲。他看到自从妻子做了母亲以后，自己的家就坍塌了。她不再是自己娶的那个女人了。

多尔多：这个男人很可能会告诉你，自从做了母亲，他的妻子就不再对性生活感兴趣了。这种情况常常发生。一方面，男人因为有了孩子而感到满足；另一方面，对于妻子而言，他成为毫无用处的闯入者，她对他不再感兴趣了。对于年轻的夫妇而言，第一个男孩和第一个女孩总是很难。例如，如果他们已经有了同一性别的三个孩子，而第四个孩子是另一性别的话，就可能出现问题，因为加到每个性别的第一个孩子身上的是俄狄浦斯期的嫉妒。通常来说是这样的，但每个人的生活中又都有些独特的地方。例如，一位固着于自己父亲的母亲在生第八个孩子时失去了父亲。对她而言，这个孩子就完全是俄狄浦斯情结的产物，因为直到这时，她都不知道自己是为了父亲生了这么多孩子的。突然，她发现了这一点。她对做母亲这事不感兴趣了。现在，她知道父亲再也看不到她的孩子们了。这些孩子由此被打上了父母俄狄浦斯情结的独特印记。

我记得，有个男人曾对我说："我父亲和我，我们是共生的。"后来，他的父亲去世了。在失去和父亲的共生关系以后，这个男人把它转到了自己儿子身上，孩子就开始出问题。

儿子实际上成了父亲的恋物对象，后者自己的父亲从未成为真正的他者。

祖父活着的时候，孩子和自己父母有一个三角关系。现在祖父去世了，他的三角关系是他—父亲—死者。母亲和死者被混在一起了，因为父亲把儿子当作更重要的对象，并通过这样做把妻子排除在这一关系之外。在孩子的三角关系局面中，他用自己和父亲曾经的关系取代了自己和妻子的关系。父亲成为他所否认的死亡的代表。他剥夺了孩子的身份。因此，父亲和孩子都不能告别祖父。

这位父亲还向儿子隐瞒了祖父的死。这是一个很典型的例子，其中孩子在不知情的情况下，同时占据了父亲的位置、母亲的位置、某个死去的兄弟姐妹的位置或祖父母某一方的位置，这让父母嫉妒他，并在同性恋或异性恋的色情意义上依赖他。这完全是无意识的。

母亲和女儿的女同性恋游戏（les gouineries）也是一个典型的例子。把父亲完全排除在外的这一女性间的默契，曾经属于母亲和她自己的母亲。她自己的母亲去世以后，就属于她和自己的女儿。这个女人和母亲之间的同性恋性欲从未受到阉割，后者和她自己的母亲也是如此。

参与者：父母应该和孩子分享他们遇到的困境吗？

多尔多：我觉得，父母做的最有害的事情就是欺骗孩子，不让他们知道自己在现实中遇到的困境。不管这是他们在面对自己父母时的困境，还是日常生活中的困境。许多孩子感到被父母抛弃了，因为——比如说——后者不直接通过数字告诉他们家里经济上的问题，而是找各种借口。

如果父母向他解释金钱和物品的价值，一个年纪很小的孩子就能理解什么是家庭预算。这样一来，小偷小摸和敲诈勒索的孩子就会少很多。父母对于阉割的接受能够帮到他们的孩子。在我看来，父母很害怕失去家长的宝座。例如，他们担心孩子明白，他们的经济能力是有限的。然而，孩子无论如何都是知道这一点的。对于某些父亲而言，不能买这个或者那个牌子汽车，代表着一种会在儿子眼中变得掉价的烦恼。但这并不掉价。只要父亲向他的男孩解释，说他每个月赚的钱不够买这个东西就可以了，而不是告诉他这些汽车很丑，只有傻瓜才会买。

孩子很清楚这不是真的，由此就会相互看不起，并出现理想自我（对于孩子来说就是父亲）上的缺陷，因为父亲否认自己在现实中实现其欲望的无能。如果后者说"这是一辆很棒的汽车。如果我有钱的话，我很想买一辆"，他就帮了儿子一个大忙。如果父母在面对自己合理但是无法实现的欲望时，能接受自己的弱点和不足，他们的孩子会始终认为自己的父母很了不起。

参与者（男性）：我想讲一个孩子的案例。最近几次晤谈，关于这个案主的心理治疗一直停滞不前。从和孩子第一次做咨询开始，母亲这一方就开始了个人的精神分析。父亲同样在场，也提出了一个足够清楚的个人分析请求，但并不想为自己的问题寻求答案。孩子确实希望为了自己来做治疗。从那以后，我就只接待孩子一个人。父亲主动回来见了我两次。上次见面时，他向我解释，说自己间接地通过孩子做了个人分析。他很高兴，因为在家里，话语开始在他们三个人之间流动起来了。第二天，我再见到孩子时，他向我讲了他的一个梦。在梦中，他是家里的精神分析家。从这个时候起，他就基本没什么可以对我说的了。我又见了他两三次，但是他完全卡住了。很难修正这一局面，孩子在这里成为父亲某种变态的赌注。在我看来，问题似乎在这里：父亲虽然请求做精神分析，但缺乏真正的欲望，只是通过孩子来付钱做分析。

在这种情况下，我忍住了，没有向他推荐精神分析家。我能做些什么让孩子不再被卡住呢？

多尔多：你还是可以做些什么的。对于父亲来说，他的态度是变态的，这对孩子的发展有一种抑制作用。他对此是能意识到的。这并不是这个男人想要的，他在意识层面上希望孩子继续发展。如果你向他解释所有这些，并告诉他出于什么原因你不向他推荐治疗师的话，也许他就能最终开始自己的精神分析。

参与者（男性）：这就是我上次和他谈到的。

多尔多：好吧。虽然他嘴上说想要做父亲，但却在现实中扮演着儿子。孩子成了成人，父亲却落在了孩子后边。也许你可以和他一起找找看，看看他自己的家庭中是不是有类似的问题，通过这来让他有所启发。

参与者（男性）：他拒绝谈这一点。这就是所有困难之所在。

多尔多：事实上，这个父亲需要一种和你的同性恋关系。这通过你对他说的这些话表现出来了，这也是一个象征化阉割的开始。接下来，应该让他去做精神分析。这肯定是一个缺乏父亲的父亲，他年轻的时候缺乏辅助自我。

参与者（男性）：他告诉我，他在三四岁的时候就失去了父亲。

多尔多：常常这样。治疗通过孩子开始，父母却因为看到自己而感到痛苦，就像他们在孩子这面镜子中见到了自己。从父亲开始做精神分析时起，孩子就不再需要治疗了。

当父母带他们的孩子来做咨询时，孩子会想办法把他们弄进咨询室，然后自己溜走。他知道需要说话是父母，而不是他！那些需要心理治疗的孩子自己是能意识到的，因为他们不能接纳自己的一些冲动，不能通过与他人的和谐共处转化掉这些冲动。这样的孩子常常会让父母先谈几次。一旦自己感到有需要，他就会走进咨询室，要求父母离开房间。

就是在这一天，他进行了对父母的阉割。

自从斯波克（Spock）博士①和其他人把许多处在俄狄浦斯危机中的孩子带到精神分析中以来，目前，来自父亲的阉割的缺失非常普遍。如果你注意到孩子有一个很好的升华，也就是说，他没有话语上的障碍，没有大小便失禁的问题，没有早期社会化方面的问题的话，你就可以确定，孩子的问题来自父母未给他做俄狄浦斯期的阉割。（他们会说）"当然，不要给他们

---

① 斯波克博士，美国医生，20世纪50年代的畅销书作者，鼓吹完全消极的教育的好处。

留下心理创伤，这些可怜的小家伙。"但当精神分析家和孩子开始了一个长程心理治疗时，对于一些家庭来说，这是很难接受的。相反，如果我们不太经常见孩子，而是通过接待他的父母，通过帮助他们接受自己的性生活，来快速地重建一个正常的三元格局，情况很快就会好转。有时必须让孩子离开家，并告诉他为什么。如果这涉及一个男孩，父亲可以对他说："我发现，当我不在家的时候，你让妈妈很烦？你要明白，当我不在家时，我不允许任何人来烦我妻子。而且每次我在家，你上床睡觉、吃饭时都会大闹一场。你可能会在寄宿学校变得安静点。我们不会死，你也不会，你在那边会交到很多朋友。当然，这也让我心烦，因为学费很贵。我们会想出办法的，会每周给你寄点小点心，安慰安慰你。现在这种状况不能再继续下去了。"有时单单讲出来就够了，三个星期以后，一切都会恢复正常。

有时这或许不够，因为母亲和孩子水火不容。她告密，想让丈夫打孩子一顿，但当丈夫不在家时，她又很高兴被儿子或者女儿虐待。必须仔细研究这个女人可能从童年起就在重复的这一依赖局面，比如她对弟弟们的依赖。

我认为，心理治疗师并不足够了解俄狄浦斯期的危机，以便足够地支持阉割者，并支持女儿对其他女人的、儿子对其他男人的认同。

这实际上是一个孩子认为应该给父母带来想象的快乐的时期，否则他会想象自己给他们带来了痛苦。以让父母高兴为名义进行的教育最迟只能到四岁，在此以后就都是变态的。父亲和母亲应该清楚的是，他们要期待自己的伴侣而不是孩子带给自己快乐。

俄狄浦斯期的孩子会选择一些家庭之外的辅助自我。例如，通过一些远房的父辈、旁系的长辈和伙伴，来试着从家庭的僵局中走出来。

否则，就还是老一套，孩子的问题就一直拖着。不是进入潜伏期，而是一直处在俄狄浦斯期。这常常会导致躯体化。比如说，一个小女孩会阑尾炎发作。外科医生会割掉她的肛门冲动和妈妈（一起孕育）的神奇小宝宝。再如，一个小男孩会戴眼镜，因为他突然变得近视了：他不想看到超过自己鼻尖距离之外的东西，因为妈妈任由他出入卫生间，他对妈妈的奶头看得太多了。

或者孩子会出现一些为了看/不看的眼部抽搐，这个和他母亲关系中独特的可恶模式。在这种情况下他的父亲是谁？

在缺乏阉割时，这些频繁发生的功能障碍或躯体化表现最终会进入潜伏期。这就是那些已经平稳度过口腔期和肛门期的孩子的俄狄浦斯期危机。例如，它会突然出现在男孩的生殖—性发育期：父亲服兵役，男孩子重新回到母亲床上时；或者父亲出门旅行，孩子开始转向一些退行性的冲动，而不是接受俄狄浦斯情结时。母亲也半真半假，或多或少地任由他这样做，就像她身体不在的丈夫精神上也不在一样。

参与者（男性）：你怎么看我刚刚讲到的这个孩子的梦？他

梦到自己是家里的精神分析家。

多尔多：这说明孩子认同精神分析家。然而，在俄狄浦斯期，他应该认同的自己的父亲，应该认同父亲和父亲自己的父亲在俄狄浦斯期的关系。由于父亲在很小的时候就失去了自己的父亲，他便认同于死亡了。正是出于这个原因，他认同精神分析家，但同样认同让他冲动的发展停滞不前的死去的祖父。

你们看，俄狄浦斯期的孩子应该认同父亲。如果他认同精神分析家，这个方向就偏了，就成了同性恋的诱惑。我觉得，一个孩子在俄狄浦斯期之前会做一些关于自己的梦，也会做一些关于自己没有完成俄狄浦斯期的父母的梦。这些梦是属于父母的。

他也常常告诉父母这些梦。但是我们要清楚，孩子之所以认同与自己性别相同的成人，是因为这是他的理想自我和他将要成为成人的儿童自我的代表。母亲的无论哪个男性伴侣都可能是这个理想自我，不管是哪个成人都可能暂时成为他的理想自我。但在这个成人不是母亲性伴侣的情况下，这个认同就不完全是俄狄浦斯式的。它只是对应于满足了同性恋冲动的俄狄浦斯情结的某一组成部分，也就是说，这个成人身上孩子喜欢的他自己的那个部分。

这一认同既是同性恋的，也是自恋的。

作为精神分析家，你在解释这个孩子的梦时，应该让他明白，他不能成为这个通过倾听和理解他人来工作的先生，这个既不是他的孕育者也不是他母亲伴侣的先生。这会让他异化成一个角色，阻碍他成长为自己。因此，如果父亲可以帮他，他最好放弃自己幼稚的模式，去和同龄人交流，并在家里像自己希望的那样举手投足。

父亲只有通过对个人经历做精神分析，才能做到这样。

这个孩子心里拥有一个发展的意象，在不模仿任何人的情况下，这一意象将会引导他发现那个让他成为成人的行为模式。也就是说，不讨好任何人，不通过想要模仿精神分析家来讨好他，或讨好其他那些不是自己的人。

我在这里说的并不会削弱这一事实，即在他对你的移情的支撑下，孩子的无意识转变将让父亲重新投入生活，并让父亲重整对于他自己缺失的父亲的受损的同性恋性欲。

我们在这里能很典型地看到，这就是那些由父母带来，并由他们付款的孩子的心理治疗的独特难题。

我觉得，可以通过向孩子要求象征性的付费，区分父亲对孩子的欲望和孩子自己对自己的欲望。这让我们可以和孩子一起来分析刚刚我告诉大家的这些东西。

参与者（男性）：你刚刚说，一个俄狄浦斯期之前的孩子会做许多关于没能完成俄狄浦斯期的父母的梦，并且会向父母讲述这些梦。但是，在这个孩子的案例中，他梦到自己是家里的精神分析家。这正好相反，因为是他母亲向他讲述她的梦。

多尔多：这个认同你的孩子所处的确实是一个变态的情

景。你被当作祖父甚至外祖母了。我们对此无法确认。同样有可能的是，母亲向孩子讲述自己的梦的目的，是希望他把这些梦讲给你听。她和她丈夫一样，试着通过孩子在你这里占据一个位置。这完全是变态的。在这种情况下，你应该告诉孩子："如果你母亲再给你讲她做的梦，你要告诉她，她应该讲给她的精神分析家听，而不是讲给你听。"

第十五章

俄狄浦斯期以前治疗中的一些特定困难——俄狄浦斯期阉割的升华工作——身体服务于母亲的艾哈迈德（Ahmed）

参与者：我想到一个由母亲带来的七岁小女孩。上幼儿园时，她一切正常，但在上小学后出现了严重问题。之前，我曾和她的母亲做过几次心理治疗。我是作为医生接待小女孩的，做了几次初始晤谈。这个孩子还是有一些请求的。她很高兴能来谈谈。那是在假期里。开学以后，母亲在第二次晤谈中告诉我她做了一个重大决定，决定重新去上班。

这个女人为了照顾孩子放弃了工作，并因此处在一个相对于丈夫而言非常幼稚的位置上，并且后者的年纪和她父亲的差不多。在下一次晤谈中，当着女儿的面，母亲对我说："你知道上一次结束后女儿对我说了什么吗？她说'妈妈，我今天做了一个重大决定，我要停止我的精神分析'。这肯定和我告诉她我要重新开始工作有关系。"

因此，我就和女孩谈了谈。她告诉我："现在我知道了，如果我想，我就可以在学校里好好学习。""如果我想，我就能"恰恰是母亲在宣布她要重新开始工作时的说法。

在我没有试图进行干预的情况下，孩子的治疗不久就停了下来。我做得对吗？

多尔多：如果孩子能认同一个和自己处在同一层面上重新开始生活的母亲，为什么不呢？

参与者：是的。但让我担心的是，由于我这里代表着母亲可以来说话的地方，我觉得这阻碍了女儿去找一个属于她自己的可以话语的地方。她也是出于这个原因才离开的。

多尔多：并不是这样的！这是一个无法进入俄狄浦斯期的孩子，因为在幻想的层面上，她母亲是自己丈夫的女儿。通过重新开始工作，她表明自己是一个和其他人一样的公民，不再被悬置在和女儿的幼稚关系中。因此，孩子也想和她的同龄人一起重新开始生活，仅此而已。她处在一个认同母亲的俄狄浦斯阶段。晤谈是通过孩子这个代言人开始的，但实际上是母亲需要和你谈，以便从对这个实际上是她"丈夫—妈妈"的"部分—客体—先生"的依赖中走出来。

我觉得应该在这个时候停下来。这个小女孩还没有解决自己的俄狄浦斯情结，继续的话，（咨询关系）可能成为诱惑性的关系，而不是移情关系。俄狄浦斯期之前的心理治疗非常微妙。我很坚持这一看法。我们应当以这种方式停止治疗，让孩子重新开始自己的认同，让女儿认同母亲、儿子认同父亲。我们不要占据父母任何一方的位置。尤其是在一个二元关系中，除了她后面来的那个病人，我们没有办法向她提供一个竞争对手。

这样的对手并非有助于阉割一些（乱伦的）生殖—性的冲动！

参与者：在告诉我她要停下来的那天，小女孩给我画了一个戴帽子的女士。她有一个头、一个大肚子，但是没有脚。这让我很焦虑。在下一次晤谈中，母亲告诉我，孩子在上次晤谈结束后不久，在地铁中发作了，一下子瘫痪了。是母亲紧紧撑着她回家的。

后来，我和小女孩谈起了这些。但她仅仅对我说："我今天再给你画一位女士。"所有这些意味着什么呢？

多尔多：嗯，如果两三个月后，你得知母亲怀上另一个孩子的话，这一点也不会让我吃惊。目前，是女儿处在俄狄浦斯期，想让自己怀个孩子，从而让母亲留在家里，就像母亲怀她时那样。女儿用渴望怀上孩子来表达自己的俄狄浦斯情结，这就是大肚子。没有脚则有多重原因。这个小女孩假装自己怀孕了，是个肚子大了的女人。她让母亲抱着（回家），就像被情人抱着一样。

事实上，她需要母亲给她讲讲关于性的东西（sexualité）。因为想要重新去工作，母亲正在试着抹去自己生殖—性的方面，去做一个肛欲的能量投注。我觉得，如果你重新见见这三个人，并让他们说说接下来准备怎么办的话，一切都会变妥。比如说，你可以这样问父亲："你的女儿是不是有时会告诉你，她想要一个小弟弟或者小妹妹？如果是这样，千万不要为了她要孩子，因为这就是孩子会提出想要一个小弟弟或者小妹妹的年龄。"

目前，母亲非常害怕去工作。她如此担心这一转变，这意味着她私下里期望能怀孕。女儿感受到了母亲的欲望。母亲害怕见人，害怕自己从未体验过的生殖—性期的（成人世界的）生活。这个案例围绕着的是这一点。你将来也许会明白，但在此之前，孩子首先必须放下自己的俄狄浦斯情结，也就是说，明白自己不会和爸爸或妈妈生孩子。

至于这一治疗的中止，我认为，不和父母讨论，仅仅在孩子的要求下就停止治疗是危险的。她想停下来，这没问题，但需要父亲或母亲同意，并且你得知道为什么。不要忘了，孩子是处在父母的监护下的，需要进入俄狄浦斯期。孩子必须明白，你同意停止治疗是因为她的父母同意。她不能认为这仅仅是因为她个人宣告了自己的意志。

参与者：孩子告诉我她父亲同意。

多尔多：她和你胡说呢！应该让父亲亲口告诉你。她想要认同自己想象中的你的样子。看到母亲有了如此的改变，她觉得你是她的父亲。你重新给了她作为父母的女儿的位置，她同样认同你。就是这类孩子可能因为一个没有言说的俄狄浦斯情结而阑尾炎发作。从五岁、七岁起，在女孩子那里，自己肚子里不能有宝宝这一挫折变成了肚子疼，用来证明肚子里确实有个宝宝。这是生殖—性（力比多）投注产生的蠕动，以及生殖—性或者尿道（力比多）投注产生的肛门期身体意象的结果。一些小女孩的膀胱炎正是在说："我有一个性器官，证据就是我撒尿时很疼。"大家都知道，对于孩子来说，尿尿就是性。

俄狄浦斯期危机的心理病理学确实就是孩子的神经症。成人的神经症实际上是青春期负罪感以及俄狄浦斯情结唤醒的阉割焦虑的病理的延伸。

相反，在一个孩子身上，这唤醒了那些早年的肛门期和尿道期经历。孩子的父母没能对孩子提及这些东西，他们都进入了俄狄浦斯期危机。他们没有解释说，有性生活的是他们这些大人，孩子以后才会有。

所有的男伴、女伴都可以成为他们专一的爱的对象，但是家里人不行。

例如，当父母遵从孩子强加给他们的欲望，允许孩子的一切要求时，一些小男孩、小女孩经常会提出想要成为被爱的孩子的请求。这个被爱的孩子是被用来想象性地替代乱伦的孩子的！同样，这也让这些孩子无法真正自立。

这些父母的行为妨碍了孩子。孩子没能理解，自己的欲望是需要和负责（照料他）的成年人的欲望协商妥协的。

这阻止了俄狄浦斯期阉割的升华。在遵守那些负责自己教育、有监护权的成人所制定的规则的前提下，这一升华在于自己照料自己。升华属于文化领域，而不属于行为领域，它是社会的驱动力。

我们现在看到，越来越多的孩子没能获得与社会进行交流的手段，让自己以后能独立谋生。从八九岁起，他们就像待在旅馆一样待在父母家。对于他们社会和文化上的提升，（父母）没有提出任何要求。

到了十四五岁，他们就变成了一些可怜虫，一些小变态。由于社会层面上的无能，他们有时会成为同性或者异性的寄生虫，或者在遇到同龄团伙时成为一些被动或主动的违法者。

参与者：你所说的被动违法者是指什么？

多尔多：勉强生活，偷偷卖淫，白吃白喝，偷家里的东西，在别人做坏事时放哨，临时搞点钱维持生计。由于一种真正的无能，他们不能融入社会，而是成为缺乏工作技能的法外之徒。

这些事情越来越频繁，因为我们的社会没有为这个年纪的孩子提供工作的可能性。过去，一个反抗家庭生活规则的孩子有条件到别人那里工作。他不是法外之徒，想要工作的话就可以有工作。

我们修改了这些可能会让一些老板和成人对孩子进行变态剥削的法律。但是父母不理解，他们的某些孩子非常渴望自立，却不得不处在他们的（监护）之下，只能和小伙伴一起通过文化学习的方式提升自己，只能让自己被动地依赖具有诱惑性、不负责任、让孩子变得幼稚的爸爸妈妈生活。

参与者：我想要和你讲讲艾哈迈德的个案。这是一个八岁半的患精神病的阿尔及利亚男孩。从五岁起，他就在 IMP 接受心理治疗。他很暴力，喜欢打架，无法融入孩子们的团体，后者也忍受不了他。他是家里的第七个孩子，上面还有四个女孩和两个男孩。他的母亲是个看门人，没能在他出生后的最初两年里照料他。她整天把他一个人放在房间里，只是在吃饭的时候来给他喂饭。他非常聪明，但是不说话。他只能发出元音，但是对写字，对书写的魔法很感兴趣。当我给他画的画写上他的名字时，他就会把画撕掉，并放到嘴里，放到鼻子和耳朵里。他会在厕所待很长时间，还会把手指放进肛门。在街上听到噪声时，他会把耳朵堵起来。他有两个家，一个是自己家，另一个是被临时安置的寄养家庭。

　　这是一个喜欢给身体命名的孩子，如鼻子、嘴巴、眼睛等。他对目录很感兴趣，比如乐都特（La Redoute）①的商品目录。他会仔细剪下自己感兴趣的部分。他非常注意观察周围。怎样入手这例个案呢？

　　多尔多：根据你的讲述，我们不能走太远，只能分析一下这一症状如何作为一种方式让他自己安心，让他对抗自己的焦虑，并拥有一个被命名的主体身份——因为名字可以被写下来，留下人性的证据。当他把有自己名字的纸放到嘴里时，你

---

　　① 法国邮购公司，著名时尚品牌，1837 年创始于法国，目前是法国排行第一的电子商务销售平台。在互联网时代之前，邮购是通过商品目录进行的，故有此说。——译者注

可以这样对他说："这是为了学会你的名字。"因为他知道你了解他的个人历史。

在他小的时候，母亲没有时间和他说话，话语和食物不是同时到来的。他既没有听到自己的名字，也没有听到和食物混在一起的母亲的声音。我觉得就是出于这个原因，他想吞下自己的名字，以便让这个名字印刻在自己身上。

参与者：但是他从来不会吞下去！

多尔多：当然，我说的不是字面上的吞，而是吞下话语。仅仅通过书写，我们就用耳朵吞下了一些话语，用眼睛吞下了母亲的语言行为以及她的气味，这是和食物及粪便的气味混在一起的！我所说的是在获取食物的同时所接收的话语，这赋予我们活力。它始终和母亲的气味、嗓音以及目光混在一起。

行为同样属于这一领域。在他还用尿布时，艾哈迈德的母亲会清理他的粪便。但当他拉屎尿尿时，她并不在场。以至于对他来说，把手指放进肛门就是去寻找里面的妈妈，并把所有那些外面发生的事情重新交给里面的妈妈。

一般来说，对于孩子而言，越没有一个外人代表自己的母亲，他自己的身体就越被用来代表母亲的在场。

母亲的概念不是张三，不是李四，也不是那个照料孩子的人。精神分析中的母亲，是和在孩子身上创造出他—自己—他者的记忆的那个监护人的连续性关系。

这个他—自己—他者就是他最初的自恋安全感。这就像经线和纬线一样织在他正在发展的生理组织上，织在他的黏膜上，织在他的身体中。和其他孩子一样，艾哈迈德具备象征性功能；但是由于母亲的缺失，他缺少一些表达并且记住这一功能必要元素。

因此，在没有母亲的嗓音、话语和辅音的情况，他就用所有那些手头能用的东西来实现象征性功能。

他害怕一切，因为所有这些可能发生的事都能让他想到自己还用尿布的时候，或者让他认为，他将被喂一些乱七八糟的东西。对于他那些被填满和排空的身体孔洞而言，这是危险的。我觉得正是出于这个原因，他把它们堵了起来。

他把东西放到嘴巴里，是让它成为自己的一部分，但他这也堵住了一些让生命有活力的洞，尤其是用来呼吸的洞。当气味消失时，他想把它们当作人性的痕迹留下来。

这个孩子应该非常喜欢气味。气味是很早年的东西。显然，你应该让他学会分辨气味。

参与者：他尤其喜欢屎尿尿的气味。

多尔多：当然，因为屎尿尿的气味就是"做"。凭借屎尿尿，他做到让妈妈回来，这让他认识到自己是石祖性的，也就是说，是能产生影响的。而当肚子空了的时候，他仅仅是一个饥饿的洞。一个肚子空空的孩子总是在窥伺着什么，他甚至不能真正做点什么。因此，艾哈迈德拥有的唯一语言，恐怕就是弄出点臭味，好让妈妈过来。

假设艾哈迈德饿了，但是母亲没有来，他就处于一种被动冲动的状态中，窥伺着母亲的到来。他会怎么表现饥饿呢？如果他用积极的、发射性的方式来表现，也就是通过哭泣来表现，母亲就会生气地过来。如果他通过排便让母亲到来，他对母亲的欲望就成了母亲—屎卮卮。但是，只有被迫排空自己才能拥有重新找到满足自己欲望的客体的幸福，这是何等的焦虑啊！在这一点上，我认为，对身体孔洞的填充同时表明了他对满足这一欲望的渴望和焦虑。

此外，因为只能理解自己的行为准则，孩子会认为，母亲带走屎卮卮是贪吃的表现。如果妈妈过来拿他排出的东西并把它带走，那是因为她要偷偷地吃掉它。他认为母亲会吃自己粪便的原因之一，是母亲从来不告诉他，她也排泄粪便。如果她告诉他，他就会明白，自己和母亲是处在同一禁令下的。否则，他就不明白，玩弄并吃掉这些粪便既不是一种快乐，也不是一种做母亲的方式。

母亲通常只是忙着给孩子换尿布，什么都不对他讲，也不承认他的"做法"（faire）。其实，她应该用一种抑扬顿挫的音调对他说话，这些话可以是关于屎卮卮或者其他事情的，即使它已经不在这里了。所有这些都应该被语言表达出来，所有这些孩子用肌肉做的事情——不仅仅是那些从内部向外部排出的东西——还有他看到的，他想的，他扔、拉、撕以及改变周围环境的动作，等等，都是一些能改善他所处的空间的话语。母亲作为自己看到的事情的同谋，应当对孩子说些话，让他记住它们：话语会变得有趣，因为妈妈对它们感兴趣。

就像这样，孩子会慢慢吸收一些动作、声音和视觉的语言元素，一些他观察到的东西、一些微笑和一些让妈妈笑起来的小表情。母亲这时会说："哦！小调皮，瞧瞧，多么迷人的微笑啊！"

孩子的感知觉会受到母亲声音和动作的修正，它们赋予了孩子感觉和觉察到的所有一切一种可被记住的、语言上的含义。

如果缺乏和已知他者的这一默契，孩子所感知的一切就都没有任何人类的意义，因为人只能在和另一个人的关系中诞生，而且其表达方式绝不重复。由于象征性的功能在孩子清醒的时间里持续存在着，如果母亲不和他说话，他对于外部世界的所有知觉都只会和自己的身体连在一起。身体—东西，没有脸。因为进食的需要是重复的，所以脸上只有一张代表吞噬的嘴。

这就是孩子们所说的狼。它们具有吃人般的用于进食的颌部，但没有可以用来说话的嘴。

回到艾哈迈德这里。他妈妈没能照料他的原因是什么呢？

参与者：因为她是看门人，她不能一直把他带在身边。在她当看门人的院子里有两间独立的房间，孩子在其中一间，她则在门房里。她常常忘记在固定的时间给他喂饭。

多尔多：你和孩子说过这些吗？

参与者：没有。而且我不知道他是否曾被告知这些。没人会真的阻拦他拉屎尿尿的冲动，但当他表现出想拉时，人们会要求他等到正在进行的集体活动结束以后。

多尔多：就是这样，他把它憋回去了。他没有得精神分裂症，可真是太奇怪了。可能出于饥饿带来的痛苦，也可能由于尿布没有被经常更换，导致粪便刺激臀部，他是如此紧密地和自己的身体纠缠在一起。我们几乎可以说"幸好如此"，因为至少他还拥有自己的身体。但是他的手指是对着肛门，而不是对着一些物品说话的。

也许黑板上的一些东西，或者他房间的墙纸上的一些画，让他对书写产生了兴趣。或者他见过阿拉伯文字，因为他的父亲会使用这种文字。① 阿拉伯书法非常美，经常会让孩子们着迷。我认为他应该会写字。你有没有想过在他写字的时候抓着他的手呢？

因为他作为小宝宝的身体和另一个人身体之间从未有过中介，他在空间中迷失了。尽管如此，他也不是精神分裂症患者。他没有像精神分裂症患者那样迷失。他和人有目光接触，他的身体对他来说是重要的，精神分裂症患者则是迟钝的，除了手淫外并不管自己的身体，也绝不会触碰自己的鼻孔、眼窝和耳洞。他们的身体并没有存在到这个地步。一个精神分裂症患者会封闭一些自己身体内部的孔洞。他听力正常，却完全听不到话语；视力正常，却完全看不到东西。

参与者：艾哈迈德由于耳聋，住了很长一段时间的院。

多尔多：看上去像耳聋罢了。这里也一样，医生应该检查

---

① 阿尔及利亚官方语言为阿拉伯语，通用法语。——译者注

检查他的耳洞。医生们会这样！

虽然母亲把他当作物品来对待，完全没有意识到，像这样把他留在角落里会给儿子带来灾难性的后果，但幸好她还会在吃饭的时候去看看他，而且幸运的是，这不是一个把奶瓶卡在枕头垫子间给孩子喂奶的女人。那个习惯更糟，因为完全不再有母亲的身体了。孩子只能将自己的身体认同为墙壁或者天花板。

而在艾哈迈德的个案中，在进食时，在换尿布时，至少母亲是在的。接下来，他就忘了她，他用一些肛门固有的攻击性冲动，通过把（粪便）这个部分客体献给母亲的方式来诱惑她。

想要成功地治疗艾哈迈德，就必须慢慢把他重新带回他诞生的层面上。

如果是一个教育者，你的态度得不一样才行。应该让他用那些他有的东西，通过气味和言语来建立起关系。由于他很聪明，也应该和他说话。应该像和一个两三岁大的孩子那样来和所有那些患精神病的孩子说话。比如，你可以评论他们的行为，说："我知道，你不像一个大孩子。这是因为有些小孩子的东西缠住你不放，让你不能长大。但是试着和它商量一下吧，就像你的小伙伴那样。这里所有的孩子都或多或少被一些小孩子的东西缠住了……"

这样，你就可以让他们互相激励。在那些孩子们成堆的地方，我们没有足够重视这件事。在以前只有一个班级的学校中，高年级的孩子常常帮助低年级的孩子，这是一种通过将知识传递给年纪更小的孩子来让它更加牢固的方法。

今天，很遗憾的是，由于孩子的数量，每个班级都是由同一年龄段的孩子组成的。

多子女家庭的好处正在于其中有一些兴趣完全不同的孩子，那些不对什么主动感兴趣的孩子至少有一种被动的兴趣。其中一些孩子对于另一些孩子的启发是巨大的，因为他们处在不同的层面上。大孩子让自己退行，来认同小孩子，而小孩子通过对大孩子的认同来提升自己。

至于艾哈迈德，你要经常谈及他的父亲，这非常重要。也许你可以和他一起从明信片上剪一些代表他家庭成员的男性和女性形象，你可以让他为这些形象加上姓名。

当然，也要让他把自己放进去。这是为了让他永远不要忘记，他是这个家庭的一分子。这个家庭有一些自身的问题，这些问题让他成了这样。

如果艾哈迈德想要在这张纸上划去父亲，想要划去这个或者那个人的话，如果他把自己拿掉的话，那么第二天，就再剪一张剪影，让他的剪影始终处在他带着名字的生父和生母中间。去剪剪乐都特商品目录上的模特吧。和所有那些周围有着许多他们明白的来来去去的关系的孩子一样，他会喜欢这些剪纸的。

有一天，他可能会把一个平底锅摆在母亲的位置上。为什么不呢？因为艾哈迈德有一个更像锅碗瓢盆的母亲。许多孩子都有锅碗瓢盆母亲，他们在听到锅碗瓢盆的声响时，会把它想象成母亲吃他们的屎时发出的声音。许多孩子把奶瓶当作屎巴巴！对于他们而言，在他们喝完奶后，母亲就会离开，而且会把奶瓶灌满屎巴巴，来让自己大吃一顿……孩子就是这样杜撰母亲满意地给自己换襁褓时的快乐的。由于母亲处于他生活的中心，宝宝想象自己也是母亲生活的中心。

我坚持认为，为了熟悉这一思维机制，你们应该把自己放到孩子的位置上，来更好地理解孩子。应该用这种诗意的方式，用孩子的思维模式，用这一想象来思考，来感觉。你们可以独自想象一下，把自己想成摇篮里的小宝宝，喊："妈妈，我饿了，要吃！"

那么，你们就会注意到，处在另一个情景中的孩子最开始时有着一个与我们完全不同的世界观。我们是在清醒的时候构建起自己的世界观的，此时则可以看到，对于一个这样的孩子而言，如果他和母亲没有关系，只有一个缺失的洞，只有痛苦的饥饿或者粘掉屁股皮的屎巴巴，他的世界观会怎样。

当孩子的身体图示和神经系统开始发育时，他需要抓住一些东西。他会抓取那些自己够得着的东西。如果没有尿布，他会抓自己的粪便和他够得着的身体的某些部分，他的双脚、性器官、双耳或头发。在这里，粪便非常特殊，因为它具备一种能召唤母亲过来为他换掉尿布并把它带走的气味。她更换并带走尿布，就像带来一个满满的奶瓶并带走空奶瓶一样，因此，这是一些和口有关的东西。母亲是一个掌管上面和下面的口的人。

正是出于这个原因，我谈到了宝宝对奶水的告别。也就是说，掉乳齿是一个口腔和肛门阉割焦虑的时刻，是一个孩子和父母之间的习惯改变的时刻。在这个时候，如果孩子还没有和母亲建立起稳固的行为习惯，他就会陷入一种神经症的状态。因为他虽然拥有成人的牙齿，但还和母亲的气味、抚触捆绑在一起，母亲还在帮他做这做那，帮他穿衣服，帮他做决定。也就是说，孩子虽然已经七岁了，但还像三岁一样。

这是被监护人允许的，或是由他们引起的身体图示和个体化潜力上的不适应。

第十六章

孩子对动物的认同——恐惧症的机制——面孔对于心理发展的重要性——"我和父亲处得不好"——孤独症孩子从来不生病

参与者：孩子认同于野生动物，这意味着什么？

多尔多：对于动物的认同在孩子身上很常见。这个完全无意识的包体会在困境中重新显露出来。这来自超我（尤其是肛门期或尿道期）的伦理准则导致的对自身性别的不接受。实际上，甚至在生殖—性冲动出现以前，主体的思考方式就已经受到口腔期、肛门期和尿道期伦理准则的（力比多）投注了。在生殖—性冲动的介入下，主体一旦被激励和他人一起生活、交流，他就按照先前这些阶段的语言方式来运作，而不能完全充分地经历生殖—性期。不是所有的力比多都进入了俄狄浦斯期，因而就有可能没有在生殖—性期遭到阉割，没有让这些冲动受到人性化的压抑。相对于乱伦，而且仅仅相对于乱伦而言，压抑对被阉割的主体有一个象征化的作用。当这一对于家庭宠物的无意识认同在情感上占支配地位时，主体身边就必须有宠物。宠物成为其自恋的辅助品。

当主体无意识地认同野生动物时，这似乎来自一个早于尿道—阴道期的时期，就好像主体在表面上还存在一些反抗成人对孩子童年口腔期困境的不理解的冲动。

在许多精神分析案例中，病人都做过被有敌意的野生动物追赶的梦。对这些梦的自由联想唤起了一些他们和成人之间关系的回忆。在这些回忆中，他们不理解成人的行为。

我们可以说，这些梦涉及一些异性恋或同性恋的生殖—性冲动，但不是俄狄浦斯期冲动，因为它们是二元的，没和一个三角竞争关系连在一起。因此，这涉及的是肛门尿道—阴道期。

同样，动物恐惧症是一些被否认的对某一动物的认同。

对这些恐惧症的精神分析表明，出于来自主体个人经历中的原因，动物恐惧症是对某个认同的自恋性支撑。这一认同允许主体超越那个他的力比多中的某些东西被卡住的俄狄浦斯期。

恐惧症始终来自这样一些经验，其中，主体和父亲或母亲关系的连续性中断了。恐惧的对象代表着为了和父母关系的连续性不被打断，主体在其个体化过程中想要成为的东西。

因此，恐惧的对象代表着主体，代表着他可以凭借这一策略，凭借这一异性恋或同性恋的乱伦欲望活下去。通过锻造这一想象的身份，也就是说，通过认同恐惧的对象，主体避开了所有的禁止，成为一个非人的主体——有着对客体的色情需要，但这一需要不是欲望，不在话语中。

他的欲望通过摧毁自己身上话语的主体的存在而得以实现。

恐惧症会让某些前生殖—性期的情感一直保持活跃，这也使主体处于危险的境地。这些情感实际上是和一个（生理）需要的性感带以及欲望客体碎片连在一起的。比如说，作为许多需要的提供者，母亲是一个孩子可吞噬的部分客体，同时也是一个处在话语中的主体的欲望对象。

就是在这个层面上，患恐惧症的孩子完全被卡住了。他的欲望对象和需要对象完全混在一起。

我们来想想一个有着雕像恐惧症的病人。如果我们在他的回忆中发现，他父母卧室的五斗柜上有一尊雕像的话，我们可能会认为，主体有过这样的推理："如果我是一尊雕像，我就能见证原初场景。"

这当然是一种逃避阉割的方式。它摧毁了这个主体未来的发展。

例如，在蛇恐惧症中，这一爬行动物可能是人的整个消化道的无意识表象。它的一端是有着嫉妒的双眼和分叉的舌头的头，另一端是类似于大便的尾巴。对于孩子来说，这是他和监护人糟糕关系的拟人化表现。这些糟糕的关系要么和食物以及伴随着食物的话语有关，要么和（成人对孩子的）教训和排便训练有关。

这一恐惧症植根于孩子受伤的自恋，他的监护人没有允许他在前语言期表达自己。监护人只允许（生理）需要的表达，不允许同时发生的交流欲望的表达，并且毫无耐心地让孩子屈从于自己的意志。

另一个例子是老鼠恐惧症。这可能是在孩子非常留意并通过轻咬成人来表达自己对于别人的专注的强烈冲动这一时期，孩子对于我们爱抚的东西的认同欲望。

老鼠（souris）这个词也可能指示着微笑（sourire）。还没长牙的孩子在看到成人的上下颌时，会把这一微笑当作威胁性的。所有孩子在成人身上看到的常常排除了话语的表情动作，是他所收到的信息模棱两可的根源。

通常人们会说，害怕老鼠和害怕男性性器官有关。但这解释得太快了。只有在孩子对性感兴趣的时期，我们才可以这样解释。在精神分析中，我们不要太快地对那些我们已经知道的东西下结论。我认识许多女人，她们完全不能听别人说"老鼠"这个词，但是她们一点也不性冷淡，很有女性气质，不管是在智力上、精神上还是在性的方面。

然而，她们及她们周围的人却承认这一早期包体是一直存在着的。

我们不要相信象征词典，每个人的象征系统都不一样。对于一个人而言，早在话语像在成人的词典中一样被理解前，就已经存在一个和个人经历相关的象征系统的无意识编码了。完全或部分的鲜活身体形状，对应着孩子在和他人对这些形状的意义达成一致前的前语言期中的兴奋和不安。

毫无疑问，这来自某种知觉对于其他知觉（嗅觉、视觉、听觉、味觉、触觉）的优势地位。当这一知觉被孤立，并被从与其他知觉的错综复杂关系中抽离出来，恐惧症就形成了。

比如说，在法国，是味觉对于嗅觉的优势地位，让我们喜欢上鱼露。

相反，牡蛎这种引人反感的东西和鼻涕、精液以及痰、黏糊糊的东西相近，并且在市场上被活生生出售，这让大家不敢去轻易尝试。[①]

你们自己能找到许多其他例子。其中，一种或多或少削弱主体的恐惧症是和这种无法克服的一种感官相对于其他感官的优势地位连在一起的。这意味着孩子早期知觉中的语言缺失在他长大后依然如此。

在我提议父母向孩子说出他们对于下身毛发、腋毛和爸爸的络腮胡的兴趣以后，一个两岁小男孩的毛皮恐惧症消失了。这些毛发给他带来了一些问题，但是他压抑了自己的兴趣，因为父母从来没和他讲过体毛和头发的区别。这个孩子讨厌触碰

---

① 原文如此，但实际上，法国是全球消费生牡蛎最多的国家，人均每年两公斤。——译者注

皮毛，但是会扯其他孩子的头发。

在父母向他解释了这一区别，并告诉他，他以后也会像父亲一样在腋下和性器官周围长出毛发后，他的这一攻击性行为就在几天的时间里消失了。

过敏难道不应该和这些恐惧症一样被分析分析吗？作为一些没有被及时标注上话语的愉悦或不愉悦的知觉，它们始终没被表达，没被人性化。

视觉的冲动在没有和第三者的话语交汇的情况下，可能成为恐惧症的启动因素。

事实上，如果只能通过视力来理解一些事情，主体会感到自身受迫害。在缺乏其他感知觉，缺乏第三者赋予这一感知觉一些话语的情况下，他只能用一种恐怖的方式来想象这个东西。

参与者：在对精神病患者的治疗工作中，我始终感到一种不自在。这是从哪儿来的呢？

多尔多：精神病患者的悲剧在于他们与我们的关系是虚假的。在面对其他人的时候，他们既感受不到这些人的身份，也感受不到这些人的性别、人种。由于受到感染，我们也会有同样的感觉。

这就是为什么我们把他们投射成精神病患者，更何况他们不使用通常的方式来表达自己。但是，我们每个人身上都有一些精神病性的元素。例如，我们的身体就还处在动物状态，是我们没法言说的。每当我们出现（身体）功能上的障碍时，那就是一个精神病性的障碍，至少是属于这一范畴的障碍，虽然这不会让我们得精神病。这是一个我们作为人类来为自己身体所代表的这个受伤的、生病的动物服务，来讲自己的不适，并给予医生一个表象的时刻。医生是那个了解身体的人，我们希望通过他让身体这个疯子闭嘴，通过一小块"它"（Ça）①，一些药物，来减轻我们的痛苦。

当我们建议病人去做心理治疗时，会激起他们可怕的抵抗："医生，我没疯！我是真的有病！"

"（作为主体、主语的）我（Je）"没有发疯，但是"自我"（Moi）有一个受到干扰的编码，让"我"（Je）和"自我"（Moi）变得不和。这就是"它我"（Ça）。身体是异于"自我"（Moi）的，"我"（Je）却想要认同它。实际上，药物，也就是我刚才说的这一小块"它"（Ça），能暂时填补"它我"（Ça）和"自我"（Moi）之间缺失的空隙。好医生——这个能提供帮助的爸爸和妈妈的替代者——这一中介，能调停"自我"（Moi）和"我"（Je）的不和。

"我"（Je）就这样开始相信医生的话，并越来越屈从于医学的权威，同时却又躲避着它，因为必须把"我"（Je）从对"自我—它我"（Moi—Ça）的认同中解救出来。就是在这个时候，医生把病人送到精神分析家那里。

---

① 这是作者的词语游戏。"Ça"是第三人称泛指代词，字面意思是"这个""那个"。在精神分析文献中，"Ça"也指弗洛伊德人格结构中的"它我"（本我），所以这里采用了这样的译法。——译者注

关于对动物的认同，我正在思考孤独症孩子和哺乳类动物之间的一个独特的共同之处。当动物的某个肢体或身体某部分受伤时，它绝不会看受伤的部分，孤独症孩子也是一样。但是，一个正常人会观察自己受伤的部分。如果他旁边有人，他会通过注视别人的面孔来询问一些东西。

我认为，面孔在身体上的位置能让我们看自己。对于孩子来说，带着爱看着他的父母的面孔，是他有序的身体的镜子。父母脸上的糟糕表情可能会让孩子进入精神分裂状态。毫无疑问，一个抑郁的母亲以及她伴随着强烈声响或唉声叹气的面孔，是孩子进入缄默状态并且成为精神分裂症患者的重要因素。也就是说，他会丧失和所有人的接触与交流，包括和作为一个人的自己的接触。

我还记得和一个十二岁男孩的初次晤谈。他没上学，也没有性格上的或攻击性的障碍。但是，他看上去很迷失，不看任何人。

我问他哪里感到痛苦，他没有回答。我开始从头到脚一个个念出他的身体部位和器官的名称，问他是不是这里不舒服。但他依然不回答，并始终显现出迷失的样子：向左转头，又向右转头，眼睛看着天花板，四肢摊开。

我试着碰运气，说："也许你和某个人处不来？"孩子马上收起手脚，倾过身直视我的双眼，用一种肯定的语气说："哦，是的，女士。我和我父亲处不来。"

我开始问他如何、为什么以及从什么时候起他开始和父亲处不来。我提议他每次来和我一起想想这个问题，并付一个象征性的付费。"哦！好的，我愿意。"他这样对我说。这意味着他进入心理治疗了。

参与者：你这个想法是怎么来的呢？

多尔多：这个孩子的表现是，他在空间中非常不自在，什么也不看，避免坐下、走路，什么也不碰。他的身体看上去也不自在，就像我们说的那样，浑身不对劲（mal dans sa peau）。无论如何，当一个孩子被他的监护人带来和精神分析家这个陌生人说话时，得真的有痛苦才行。但那是什么样的痛苦呢？问题正在于此，因为这个孩子完全面无表情。在家里，在最近四年他待过的不同机构里，他几乎都不说话。

他是被机构里的心理咨询师介绍到我这里来的。之前的咨询师每周给他做两次心理治疗，持续了三年，但他没对这个咨询师建立起任何移情。毫无疑问，咨询师没明白孩子是为了她才来的。后来，在一次晤谈中，我提起了这位女士。他回答道："没有啊，我从来没做过心理治疗。她是喜欢和孩子一起玩的女士，但是，我不喜欢。"

在治疗之前，他完全和孤独症孩子一样，从未得过流感，也没患过任何儿童疾病。在心理治疗开始后不久，他得了鼻咽炎，这是他为适应人类社会付出第一份代价。那个曾和我谈过他儿子的父亲则什么都没告诉我，除了这句话："这是个火星人。"

实际上，他不觉得自己和我们是同类。正是这一点让我们觉得这些孩子好像并不处在语言中。然而，他们是处在语言中的，只是人们对他们说的语言不等同于他们要讲的语言。那些他们要讲的话是通过行为和习惯被表达出来的。

这些被我们当作火星人的患精神分裂症的孩子，既不处在我们的时间中，也不处在我们的空间中。这是一些和他们的"自我"(Moi)失去联系的主体，他们没能在和成人的关系中建构起自我。他们是一些由身体的、没有交流的"它我"(Ça)所代表的"我"(Je)，并通过忽视其他人来避免交流。虽然有时被否认，但痛苦始终存在。也许是父母过于强烈的痛苦使孩子不愿去凝视他们的面容。

精神分裂症患者的父母同样和他们自己内心的孩子处不来，他们通过把他们的不理解投射到孩子身上来表达这一不自在。父母在和这样的孩子接触时会感到奇怪，觉得自己也染上了这种奇异感。如果和孩子进行交流，他们会丧失自身脆弱的平衡。面对孩子，他们初为父母时就感到难过、痛苦。

同样很有意思的是，孤独症孩子的空间感像动物一样得到了极度的发展。和同龄孩子相反，孤独症孩子很少在障碍物前跌倒，虽然他似乎一点也不注意周围的情形。

参与者：我治疗过一个从孤独症中走出来的孩子，他向我解释说，他现在很容易生病，因为以前他的身体是铁打的(en-fer)。他给我指了指铁丝。

多尔多：铁(fer)，这让我想到"faire"①这个词。这是许多母亲都会在孩子生病时使用的词。她们的孩子"得了"(faire)咽喉炎。"他给我搞了个流感。""他给我出了个麻疹。"她们这样说道。"拉"(faire)这个词同样和屎尿屁连在一起。孤独症孩子处在这样一种情形中：他们和母亲在一起时，什么也不"得"，不患任何疾病。当不再患孤独症时，他们就会得病，这也许是因为他们不再有钢铁般的身躯了。在这二者必得其一的局面中，可能有些东西需要进一步被理解。此外，我不知道还能告诉你们些什么。

参与者：你曾讲到过咽喉炎的象征性含义。

多尔多：对，但反复得咽喉炎完全是另一回事。事实上，在精神分析临床工作中，我注意到，病人开始针对口腔期(经历)做治疗工作时会出现咽喉炎，因为咽喉炎是对抛弃的反应。我认为这是一种表达了主体呼唤着某个不会来的人的欲望的症状。他没去呼唤这个不在场的人，而是收紧了咽喉。这是一种被抛弃的痛苦。

这是在一些病人和我的移情关系中反复发生的事。但这始终需要反思，因为在一个独特的相互移情关系中，我个人扮演着一个逃过自己个人分析(自己意识不到)的角色。

---

① "faire"这个词含义十分广泛，可以表示：1. 做，干，进行；2. 制作，创造；3. 学习，从事；4. 生养，生育；5. 培养，使成为；6. 整理，收拾；7. 给予，许与；8. 引起，招致；9. 扮演，装作……它和"铁"(fer)这个词发音相同，所以此处多尔多做了这样的联想。——译者注

我们只能初步这样说，当一个症状在和不同分析家一起进行的工作中都会出现时，它就意味着某个具体时期的某个具体东西。目前，我们可以说，一些个人经历不同的男人和女人会通过同一个症状回应某个特定时期的特定情景。

　　至于说耳炎，许多儿科医生都注意到，为了不听到某些话，孩子经常会收缩耳朵。当有可能追溯过去发生了什么时，我们常常会发现，这是一些曾经触动这个小小人类爱情或情感构造中非常敏感的某个点的话语，而且可能和那个时候被爱的对象有冲突。

第十七章

如何构建另一个自我，这个我们自己身上的他者——一些不同的前—超我的形成——一些不同的前—自我的形成——进入俄狄浦斯期——堕胎和自我理想——一些儿童画中的结构变形——令人担忧的奇异感，或者在外部与另一个自我的相遇

参与者：如果个体的另一个自我没有得到很好的构建，会导致哪些后果？

多尔多：另一个自我是我们自己身上的他者，就像我们的兄弟一样。凭借这面内部安全感的镜子，我们始终能获得处在同一时空中的确定感。当这一安全感缺失时，我们就不得不通过成为一些现实中个体的部分客体来弥补这面镜子，也就是说，赋予一些人（如朋友、父母等）作为我们自己的镜子这一角色。

另一个自我是在童年早期按照他者的辩证法建立起来的。一般来说，这个他者是母亲。孩子凝视着她的眼睛，就像是让自己符合她对自己的期待一样。事实上，孩子是通过看母亲的面孔开始产生欲望的。对于孩子来说，另一个自我就是"我—你"(Moi-Toi)。

　　他自己的面孔首先是母亲眼中的他的面孔。

　　凭借通常存在于父母和孩子之间的三角关系，另一个自我得以建构。这让宝宝开始进行思考，并在接下来认同母亲①。这样，他就能参照另一个人来看自己了。如果母亲将他引入自己和周围人的对话中，那更好。三角关系的情景并不仅仅被宝宝观察到，同样也被他经历着。他作为一个对于另外两个主体而言有资格的主体参与其中，而不是作为后者谈话的主题，被缩减为只能听和看的主体。

　　他的身体可能成为和其他人谈话的主题，他也看到了母亲把他当作一个和别人交流、讲话的主题。他确实进入了另一个自我的辩证法中。

　　另一个自我的构建同样和基础自恋直接相关。后者是完全无意识的，和那个能让人在镜子中认出自己的脑袋，或者能研究其他人商业性微笑的效果的次级自恋没有任何关系。

　　另一个自我有着可观的影响力。凭借它，我们拥有一种能

---

　　① 那些拒绝或者抛弃自己孩子的母亲是不能正面认同当她们自己还是孩子时她们与自己父母关系的人。实际上，照料孩子的前提条件是一些好的监护关系的无意识内投。

力，能够每天保持自身完整，直至进入睡眠，并且在醒来的时候做好准备，和我们睡着时放弃了的时间和空间重新合作、建立默契。这确保了我们在穿越自身不同状态时的连续性。

参与者：另一个自我难道不是个体始终通过参照他者所寻找的东西？我想到一位女士，她对我说，如果没有人和她一起分享，她的生命就会裂成碎片。她会没有参照系，不得不经历一个个单独的彼此之间没有联系的时刻。

在她的童年中，唯一扮演这个角色的人是她非常严厉的祖母。只有在实在没办法的情况下，祖母才会请别人来帮忙。在我看来，这位祖母更像是一个想象中的人物……

多尔多：就这位女士所寻求的一些价值而言，祖母可能是想象性的，但在时空中，她是真实存在的。她的身体确实存在过，这曾经并仍旧让这个女人能有一个和自己的另一个自我和解的三角关系。要让三角关系的局面继续存在，这个无意识的另一个自我是必需的，否则，我们就会处在谵妄的话语，以及自己和自己说话的情景中。

我常常注意到，那些缺乏这一无意识的另一个自我的孩子，他们的父母是不说"我们"（Nous）或"我"（Je）的，而只用"大家"（On）。大家做这个，大家做那个，大家认为，等等。如果我让他们明确一下这个"大家"指谁，它可能指"我"，或者"我们"，或者医生、助产士、社会福利部门、学校的老师……父母似乎没有被包含在"大家"中，但却让孩子接受并同化这个泛指人称代词所代表的那团东西。

在我看来，这些人缺乏一些必不可少的基础构造，这让他们说不出"我"（Je）。他们被自己无意识的另一个自我缠住了，后者迫使他们始终和妻子、团体或其他什么东西连在一起。

参与者：一个始终说"大家"（On）的孪生女孩在做了一年的心理治疗后，才开始说"我"（Je）。你怎么看？

多尔多：这就是没有和他者阉割的问题。要不就是这个孩子依赖母亲、祖母或兄弟姐妹，就是这一未阉割（non-castration）阻碍了无意识的另一个自我的构建，并导致它成为迫害者。用弗洛伊德的术语来说，差不多就是这样，这是另一个自我成为迫害者，而不是"超我"成为迫害者，或者更准确地说，是前—超我成为迫害者。在我看来，后者是在之前的阶段基于某个性感区建立起来的，它就像某个属于已终结时期的想象的性感带的部分客体，准备在主体的时空中进入身体的行动中。

例如，在肛门期，也就是运动机能的时期，在这个做一些事情，对空间中的身体进行掌控的时期，前—超我出现在一些画中，如一个在空中飘荡着的长着牙齿的嘴巴。在主体想做一些事情，想让自己走向更高的阶段，来认同父亲、母亲或某位兄长的时候，它就有可能扑向主体。

在这一时期，对跨越这些阶段的禁令是通过吞噬的嘴表现出来的。在孩子的梦中，或者在想做一个不被允许的行为的小小欲望的情景下，这一禁令得以客观化。

例如，他很想吃那个不准他吃的点心。他靠近甜点，但是把手背在后边，预感自己的手会去拿点心。他双唇紧闭，想要扑向点心，但又担心被剁手。前一超我就这样决定了一个曾让孩子获得满足的功能性身体意象。

换句话说，主体有欲望，他的双眼紧盯着甜点，嘴里开始咽唾沫。从感官上讲，他是有欲望的，但那个能让他满足这一欲望的手势（这是属于肛门期力比多的，因为涉及做一个行为）被一个更早期的性感带禁止了（后者通过那些不说话的生物表现出来，如鲨鱼、鱼、狼、老虎、狮子）。

这把孩子分成两部分。一部分是有欲望的部分——在他身上仍然是口欲的；另一部分是肛欲的——行动——是被禁止的，属于执行动作的性感带。在一个属于欲望客体，因而也就属于一个已终结时期的口腔性感带的威胁下，孩子害怕被剁掉双手。

一个有利于孩子发展的另一个自我将承认欲望的有效性，这样一来，孩子就能说说这个欲望。如果另一个自我还处在早期性感带，孩子就不能和自己的另一个自我一起来分享欲望的话语：他会退行，不表达自己的欲望。

对于孩子而言，另一种方法可能是把自己分成碎片，他的手几乎在自己不知情的情况下做出了反应。[①]

如果另一个人虽然完全禁止这一欲望的实现，但却完全承认其有效性的话，他就能允许孩子继续通过拥有欲望来保持活力，并给他一些东西，帮助他理解为什么要等待时机来实现欲

---

① 在被抓了现行的情况下，他并不撒谎，只是否认："这不是我。""嗯，不是你，是你的双手。""是的，为什么呢，因为'我'不想要。"[不是"自我"，也不是主体的"我"想要，而是"它我"想要。]

望。但如果欲望本身被加上了负罪感，这一欲望中起作用的冲动就不再在任何水平上变得有价值，甚至会威胁身体在其想象性现实中的完整性。这让这些冲动的升华变得不可能。

因此，对欲望的重新激起只会导致恐惧症，而不是强化欲望的语言并让对可以实现欲望的技术性编码的学习成为可能——"需要多长时间，并且怎样才能实现欲望呢？"

回到前—超我的构成上。它是在先前性感带的基础上构成的。

在口腔期，这一性感带是牙齿性的。在肛门期，它是排出性的。在性—生殖期，对于阴茎这一部分客体而言，扮演了前—超我角色的想象的性感带是破碎的，但它被主体这个完整的人取代了，而且肛门期的前—超我在面对他人时可能会对抗主体，让他失态或者丢面子。在极端的情况下，这可能导致自恋完全受损。

这是为了向你们解释，按照危险所具备的形式，我们应该怎样在治疗中识别主体的超我是在哪个阶段构成的。例如，是整个身体都受到了威胁，还是仅仅其中一部分成了过期的性感带运作所需的部分客体。①

参与者：这些不同的口腔、肛门和生殖—性期前—自我是怎样构建起来的呢？

多尔多：是在孩子进入实用和好玩的话语快乐中时。这些

---

① 在这种语言中：垂下双眼、脸红、遮住面孔或者掩着嘴，（就是）对自己感到羞愧，对欲望想表达的东西感到羞愧。相反，抬起头就是为了自己的欲望去冒险：去面对，有勇气，不害怕。

孩子在断奶以后很好地升华了口腔冲动。他有一张可以说话的嘴。这是口腔期占优势地位的"前—自我"①，是因为满足（经验）或有足够的储备而拥有的安全感。

那些断奶后很好地升华了肛门冲动的孩子会处在实用和好玩的行动快乐中，他能用双手来做事情。

他和周围的环境对话，并且能在对话者缺失的情况下，通过身体在空间中的行动，通过闲逛、走路、爬坡、下坡，通过手上的操作，来支撑一种想象的生活。

在构建这个最初口腔期前—超我时，如果监护人在和他用话语进行交流的时候，不告诉他如何操纵一些日常物品——打扫、做饭、玩玩具——这些他们关系的中介来获得快乐的话，孩子就不会和其他孩子一起玩。这甚至应该在孩子能控制括约肌之前就进行。

就是通过用身体对空间，用手对物品进行掌控，以及伴随着口头语言利用环境来获得快乐，孩子分流了天然的（仅仅对于排便有用的）肛门冲动，让它朝向已经文化性和人性的活动演进。

接下来，空间变成孩子自恋的一部分，因为孩子懂得在其中获得乐趣，其他人也就因此成为各种实践活动中话语和游戏的对话者。

当对屎尼尼失去兴趣后，孩子开始对骨盆区域剩下的那个

---

① 从孩子说"第三人称的我（Moi）"时起，我们就可以说前—自我了。

东西感兴趣，也就是说，对性器官感兴趣。

通过这些涉及性器官的问题，孩子进入通往俄狄浦斯期的生殖—性的前—自我中。这些阉割掉了对监护人的身体的兴趣，并想把它作为自己补充客体这一欲望的口腔和肛门冲动。通过把成人当作伴侣，他们升华了自己。成人成为孩子能与之交谈、行动和工作的伴侣。

生殖—性的前—自我依靠这一陪伴来感知性的差别。肛门超我不再表现为一个对属于监护者成人这个拥有禁止客体的人的性感带的想象，而是成了生殖器官的有用和有趣价值的代表。这是会提出"这有什么用"的年纪，潜台词是："拥有这一性器官的人的快乐有什么用？"

对生殖的发现赋予肛门产出性的意义，但孩子认为它只有一个功能。他的欲望还是指向口腔和肛门的快乐的。因此，他就被一些疑问包围了，因为他放弃了一些满足身体需要的区域的快乐。

想象这样一些可笑的、被看不起的区域中的生殖—性欲望，在他看来似乎是矛盾的。"做这个真恶心！"他这样说道。

孩子对于父母性生活的了解挑战了他们对父母的尊重和爱挑战。

因此，那些或多或少记得自己小时候在想象（父母）交媾时感到恶心的父母，会试着拖延他们自己的孩子，不让他们发现生殖—性欲除了有生育功能外还有其他的目的：通过做爱获得快乐和欲望（满足）。

他们担心自己不再被孩子尊重。这表明父母会把自己担心失去的一部分自恋投射到后代身上。

参与者：到了形状有了价值的年纪，男孩或女孩的性别差异是怎么显现的呢？

多尔多：无论勃起与否，阴茎对女孩和对男孩一样，都会在你提到的这个年龄阶段，在一个地方具有一个明显可见的形状。每个人都会感到这个地方是一个欲望之所。男孩拥有一个部分客体——阴茎，这意味着这一欲望的在场与活力。女孩在自己的欲望之所并没有一个明显的形状。她会问自己，为什么男孩拥有一个如此好看的撒尿水龙头而她却没有。如果成人不回答她关于这个彼此都能看到的男性器官的问题，或者那些她要求做男孩的问题，小女孩就会自己给自己一个解释：她不配有这个东西，或者这个东西其实像屎㞎㞎一样恶心。

为什么像屎㞎㞎一样恶心呢？因为排大便的过程中有肛门快感和短暂的阴部（phallique）快感，这给她留下了曾经有一个太快消失了的小尾巴的记忆痕迹，而重现这一快感会让这种感觉永远不被允许。因此，监护人应该提供给她关于性别的认识，以及小女孩和世界上所有女人的完整的身体意象。

她必须明白，骨盆上方不是一个排大便和伴随着快感的生理需要的场所，而是一个在她长大发现性欲后，人与人之间彼此获得快乐的欲望的区域。她的欲望和快乐与她那些男孩子伙伴的性欲同样有价值。

参与者：确切地说，（孩子）是如何进入俄狄浦斯期的？

多尔多：当因为断奶而放弃自己的嘴和母亲乳房的关系，然后因为开始走路和大小便自理放弃被母亲抱，放弃身体和母亲双手的关系时，孩子会想要认同同性别的父母，并拥有父母夫妻的性满足。

看到并且听到父母房间里发生的事情，这对孩子而言很重要。孩子的所有感官都被唤醒了，以便抓住每个最微不足道的场合，来干预父母的夫妻生活。这让他获得很大的满足。这些充满爱意的异性恋冲动和充满竞争的同性恋冲动的增强体现出俄狄浦斯期这些冲动所带来的烦躁不安。

这些冲动之间的冲突是俄狄浦斯期特有的。在男孩子身上，是一些（会说）如下类型的只言片语的阶段："我爸爸，我讨厌他，他太温柔了。我妈妈，我爱她……""跨过禁止通行的街道，我想和她一起进监狱，我想为她犯罪。"女孩子则会说："我爸爸有一天会允许我做所有那些不被允许的事情的。但是我等不及了，太难等了。"

进入俄狄浦斯期的孩子的这些冲动之间矛盾的张力，始终会导致一些功能或性格上的障碍。

精神和心理社会层面上的健康成长必须付出的代价，是放弃指向父母或家庭中兄弟姐妹成员的有吸引力或导致厌恶的身体生殖—性冲动。

是生殖—性期的超我整合了乱伦禁忌。这一超我不再是一个性感带，不再依赖孩子的身体，孩子也开始把周围亲近的人当作一些处在社会现实中的人。后者被当作有欲望的人和主体，不再被孩子当作受到偏爱的部分客体了。

然而，仍然存在一个双重的困难。一方面来自孩子。由于他还依赖成人，孩子认为成人在那些直接可用的知识方面高于自己，但成人不过是知道一些他们体验过的事情罢了。另一方面来自成人。他们倾向于认为自己是孩子的拥有者。按照这个逻辑，后者应该为他们带来快乐和荣耀。他们常常把孩子想象为自己孩童时候的复制品，并因此倾向于让孩子重复他们的父母曾经强加给他们的关系模式。

这一模仿二十年前的模式的教育让孩子在与同龄人的接触中成为异类。这一教育的目标在于让那些不讨好父母、非常另类的孩子主体产生负罪感。就是在这一点上，父母灌输的超我变成神经症性的，因为它服务于一个乱伦的假自我理想（pseudo-Idéal du Moi），或者一个被灌输的十足乱伦的目的，即通过讨好父母来让自己快乐。

俄狄浦斯期神经症性超我的性感带，就是父亲或者母亲这个完整的人。如果这些成人不是以一种令他满意的方式结合在一起的话，这个超我就更是病理性的。

因此，在孩子身上，对自己欲望的禁止是由不快乐的父母所代表的。孩子放弃了自己的体验，把自己当作牺牲品。

实际上，超我的目的在于为了活着而维持一个必要的禁止，但它也可以成为我们活着的阻碍。超我这一禁止的性质是什么？这些禁止是如何表现的？

当没有禁止的时候，就有一种吞噬或者抛弃，主体身体中起欲望功能的性感带将会受到破坏。主体想要通过心灵间的相遇获得满足，但是这是通过他身体的中介完成的。牵涉其中的性感带将被作为欲望的负责人被排除掉，因为它是中介的场所，而实际上是主体在欲望着。象征性的阉割没有发生，性感带遭受的是一种损伤。它将受到腐败、死亡、切割、抛弃或掉落的侵袭，就像屎尿尿一样。在身体图示中，在一些身心疾病中，或者在一些其他因素导致的损伤中，（心理状态的）掉落可能会真实发生，它被超我安置到一个失去活力的性感带。掉落也可能是隐喻性的，比如就像原罪一样，即否认个体作为人的一面，作为支撑欲望主体的见证者的一面。也可以这样说，就像主体不再有一面内部的能把自己看作人的镜子。我们又重新回到另一个自我这个主题上了。

假设你对着一面镜子，但却没有看到自己，你就会惊慌失措，会出现一个作为胎儿状态的伦理信号的吸血鬼形象。在俄狄浦斯期，这一伦理窥伺着那个不能成功地变得和父亲平等，成为他征服除了母亲和姐妹之外的女人的对手的主体。因此，在这个时候，他在镜子里再也看不到另一个自我，而只能看到自己。这很重要。

同样，俄狄浦斯期是从对这一没有牙齿的丑陋的嘴巴的恐惧开始的，因为孩子在自己嘴里看到一个大洞，而不是习惯性的微笑。例如，男孩子不再能依靠面容，也不能依靠没毛的性器官——和他父亲那个更强壮、毛发更多的性器官相比——来和成人进行诱惑上的竞争。

事实上，既没有尾巴，也没有头。他意识到自身这个主体不仅仅是身体，觉察到还能通过语言和智慧与他人交流。

许多孩子不知道牙齿还会长出来，没有人想过要告诉他们。这是一个很大的不幸。由于缺乏一个自身的有价值的意象，那个把自己的面孔当作巫师的面具的孩子可能会退行，除非他构建一个内在的对偶体（doublet）。这个对偶体既不是超我，也不是自己的理想和理想自我，而是为他提供了一个增援，让他可以对自己说："我和我自己，我们一致认为，我们并不是很丑。"

确切地说，那些有着现实中的人做内在对偶体的人是没法构建起另一个自我的。他们的孩子被用作另一个自我。正是出于这个原因，孩子一般会得精神病。

参与者：在俄狄浦斯期之后，自我的守护者有哪些？谁取代了前—自我及其情感的辩证法？

多尔多：从俄狄浦斯期起，个体的生殖—性自我的守护者一方面是一个有繁殖力的，在面对群体和内投的家庭伦理时对自己行为和话语负责的无意识自我理想；另一方面也可能是肛欲期超我的潜在威胁，因为对于其他那些可能通过投射来阐释其行为的主体而言，一个主体同时也是其他主体的客体。

生殖—性的自我理想同样伴随着一个全能父母的超我。父母会在孩子痛苦时产生负罪感。

这就是今天的父母身上频繁可见的一种责任感和负罪感的混淆。

但是，我们却忘了，胎儿是在父母同意的情况下主动诞生的。上一代协助的责任在于支持胎儿实现他们化身为人活着并且在某天死去的欲望。现在这一协助的责任似乎和禁止生病与死亡混淆了。

宣告一个孩子将要诞生就像宣告一场疾病。我来举个具体的例子。现在，当一个胎儿以一种出乎意料的方式宣告自身的到来时，更多是情侣中男性这一方带着肛欲超我的焦虑对此做出反应。这表现为想要杀死胚胎，就好像这让他和伴侣的交媾之爱变得没有价值一样。

这一全新的反应和当前的社会风气一致。

和以往一样，孩子的到来再现了这一事实，即女人和男人不一样。它复活了原初阉割。

但是，新出现的事情是，给所爱的女人许诺一个子嗣的快乐似乎让步于对父母或夫妇的责任感的焦虑了。这一焦虑表现为某种禁令，不愿给这个受到污染、充满暴力和走向末日的星球多带来一个人。

以前，在孩子宣布自己要到来时，我们首先想到的是生命，现在，我们焦虑地想到的是这个代表着父母的爱的正在形成的孩子的死亡。未来的父亲进入责任感的冲突中，这让他常常幻想离开这个他让她变成母亲的女人，或是要求她堕掉这个意味着他们鲜活的爱的未来景象的孩子，以此作为他们爱的证据。

是不是糊涂蛋机制(le mécanisme Gribouille)①在起作用呢？只要在诞生之前死去，就不用在这个充满焦虑的世纪末到来之前死去！

也许由于堕胎的合法化，肛门超我焦虑占了生殖—性自我理想的上风。比如说，对堕胎的妇女收取 100 法郎的象征性罚款，在几年内设立一个可分期付款的堕胎(象征性)债务无疑是值得期许的。

然而，在今天，除了对单身女性免费外，我们也希望这个手术能对夫妻免费。②

从社会的观点来说，免费堕胎是好事；但是从象征性的观点看，支付罚款有助于保存女性的生殖—性自我理想。因为，所有女人都在堕胎中受到了象征性的损害。

这并不意味着，对于女人而言，这一自愿承担的牺牲不会影响她敏锐的生殖—性责任感。对于那些堕胎确实对应着这个行动中的自我理想的女人而言，她们能清楚地明白社会要求的这一象征性罚款的拯救性作用。

---

① 法国的一个流行人物形象，幼稚，糊涂，会跳到水中躲雨。这里简单译为"糊涂蛋"。——译者注

② 自 1975 年起，(非医疗原因的)人工堕胎在法国变得合法。从 1983 年起，它被纳入医保。从 2013 年起，报销额度变为百分之百。在这个意义上，多尔多的预言是实现了的。——译者注

参与者：那些守护天使①的故事难道不正是和另一个自我有关吗？当我还是个小女孩时，守卫天使让我不得安宁。

多尔多：在这种情况下，守护天使的辩证法是围绕着肛欲期展开的，它就像一个让你恶心的臭屁。守护天使都很臭。他们也可以是香喷喷的。他们是口气清新还是满身恶臭，这取决于我们的负罪感和这些气味的关系。在许多民间传说中，守护天使是能倾听上帝的耳朵。我想，这触及另一个自我的问题。按照孩子和母亲关系的最初性质，另一个自我是在一个带来安全感或相反地让人担心的基础自恋上得以构建的。我要明确指出的是，这一无意识的另一个自我是按照一个意图的而不是表面行为的镜子进行构建的。那些不安的个体寻找着另一个自我——这个肯定在外部的他者。就是这让这些人变得脆弱。

参与者：那些在彼此身上看到自己另一个自我的孪生子又是怎么回事呢？

多尔多：每个孩子都有一个不是他孪生兄弟姐妹的内在的另一个自我。但是，当然，有孪生兄弟姐妹这件事会让孩子构

---

① 守护天使（ange gardien）是守卫神灵的一种形式。它是负责保护一个或者多个个体，让他们得救的天使。这一概念的起源非常古老。17世纪，神学家 Honoré d'Autun 按照福音书里的"你们要小心，不可轻看这小子里的一个。我告诉你们，他们的使者（anges）在天上，常见我天父的面"，发展了"守护天使"的意涵。这是天主教会的官方教义之一，每年的10月2日被定为圣守护天使节，9月29日被定为"圣天使长节"。参见维基百科相关条目。——译者注

建内在的另一个自我的信心受损，因为他们彼此之间相互代表着原初场景。一方面，孪生孩子中的一个对于另一个而言，是胎盘的鲜活见证者；另一方面，他是每个人生命之初的原初场景的代表，也就是父亲和母亲的代表，以及使另一个孩子受孕的交媾的见证者。

但是孪生子清楚地知道，每个人都在空间中作为一具身躯切实地存在着，而另一个自我在并不存在于实体空间中。

参与者：兄弟姐妹之间的对立能够由另一个自我这个概念得到理解吗？

多尔多：乍看上去不能。在我们每个人都必须一劳永逸地让自己最没有得到发展的部分死去，并留下当前主要部分的意义上讲，也许它还是和另一个自我有些联系的。必须进入不可逆转的过去，终结那些已经完成了的行为。我们应当接受的就是这种持续性的死亡，只有这样才能避免神经症。神经症恰恰在于不能让那些已经完成的东西死去：在极端的情况下，就是通过让一切都凝固起来，来阻止时间的流逝。但是，比如说，时间的流逝让那些会走路的孩子最终看不起那个还不会站的孩子，并杀死自己身上的这个孩子。在不再走回头路，不再把它当作有价值的东西来认同的意义上，我们身上的过去是要被杀掉的。凭借这一点，内部的另一个自我得以继续存在，因为它是欲望的助手，可以维护基础自恋，从而让自身的发展变得可能。①

参与者：能不能说，在一个家庭中，当第一个孩子很小的时候就死了，接下来的那个孩子会把第一个孩子的鬼魂当作另一个自我？

多尔多：这不是另一个自我的现象，而是从胎儿期就开始的寄生现象。事实上，死去的孩子被再次怀孕的母亲幻想成第三个人，就像父亲的另一个自我一样。因此，他占据着父亲的位置。当母亲谈到诞生的宝宝并开始哀号时，她所表达的正是这个："啊，他看不到这个孩子了！"母亲在幻想自己即将诞生的孩子时，死亡始终都在场。这个孩子因此感到和死者处在乱伦关系中。

我在一些患精神病的孩子身上看到过一些让人震惊的东西。

参与者（男性）：新生儿如果和死去的孩子同名，就更糟了！

多尔多：嗯，显然这是另一个自我的变形，因为他被强加

---

① 这就是小孩子们反复说"我，我是大人"时所表达的意思，即使他们说的还不是真的，他们还穿着尿布。不要去斥责他们，因为他们确实有一个来自父母的能掌控（大小便）的理想自我，前者在这种情况下希望他们变得大小便自理。由于孩子不总是能达到理想自我的状态，他就试图通过蔑视自身大小便失禁的部分来认同这一理想自我。重要的是，要和孩子说说这些，不要让他看不起自己。要告诉他，他会慢慢变得大小便自理，如果他弄脏了裤子，这并不是他的错，因为他的身体还处在幼儿状态。

了这个名字。

参与者：文森特·凡·高就是这样。他死去的哥哥也叫文森特。每个星期天的早上，家人都会带着未来的画家去哥哥的墓碑前。在那里，他不断读到墓志铭："这里葬着文森特·凡·高"。

多尔多：凡·高的非凡之处在于他的弟弟提奥代表着一股平衡的力量，是一个对他有信心、无条件支持他的弟弟，是他的另一个自我。然而，这并没有阻碍文森特在现实中的其他人身上寻找自己缺失的内部的另一个自我的化身。不过，每次他都会遇到一些想要害他的假兄弟，尤其是高更。

我很想谈谈变形这个观念。我认为，我们的（内在）结构是轴向的，就像从受孕到死亡的我们个人历史中的一条线。健康在于能够无意识地保持在这个轴上，在疲劳的时候退行，而不是变形。这是一个从孩子们画的画中得来的想法。在不知道塔罗牌上有一张牌也叫这个名字的情况下，你们知道，我将它命名为"上帝—房子"。当孩子能够创作出这个房子的几何图形时，他就到了觉得自己是世界中心和主人的年纪。他就是上帝，他自己是这么觉得的。有趣的是，房子倒过来以后就变成了教堂的钟，再变形，就成了狗窝。这完全是"那些成为天使的，也成为野兽"的谚语。处在这个发展阶段中的狂妄自大的孩子会持续画这样的房子。

比如说，十三四岁的强迫症患者会到处画这种小房子，就如同他们到处写下父亲的签名。他们既是这些大人物的走狗，也是他们的签名。他们是一些现实中的可怜虫。

这栋房子可以有屋顶。屋顶代表着前—超我的诞生。

在一些孩子的画中，屋顶并没有处在房子的中轴线上。这意味着，"你"和"我"之间没有一个明确的编码的轴。孩子不知道应该怎么维护和别人的关系。这是一个被前后交给一些有着不同内部规则的人带的孩子典型的前—超我的变形。尽管如此，孩子还是先被交给一个愚蠢的保姆或女仆，然后是有另一种蠢法的人，再来又是换一种蠢法的。

这一切的后果是，前—超我成了无头苍蝇，因为孩子没有内摄一个导致好的自恋的行为规范。因此，他变得歇斯底里、反复无常、任性，因为他处在不停更换的他者的欲望中。他内摄了那个不断更换的人。源于掌控身体运动时期的癔症让孩子放弃了自身的欲望，屈从于他者的欲望。这时，孩子就没法设定一个明确的编码。

之所以形成我刚刚讲到的绘画风格，是由于孩子不知道自己所表现的是什么。他只能通过这种作为他象征性的身体意象的形式来表达。比如说，如果他开始画断了个角的梯形，那么他在这次晤谈里所画的梯形的某个角都是断掉的。

他想通过折断角在这一天表现某个具体的东西。不管这个梯形代表的是船，还是屋顶，或是别的什么，它们的一个角都是断掉的。

这意味着他的前—超我行为的开始。

让孩子画一个等边三角形、一棵圣诞树或一片有齿的叶子，看看它们的轴是不是歪的，这很重要。那些中轴歪了的树叶，说明由于小时候关于自己性别的一些东西不被承认，孩子自己的轴也是歪的。也就是说在口腔期吃奶的时候，在还没有说话之前，汇集了他们对自己性别的喜悦感的轴就被弄歪了。

这些孩子遭受了一个口腔期的需要和欲望之间的编码的损坏。这始终和那个照顾他们的人不承认他们的性别有关，不管这个人是他们的孕育者，还是保姆——他们讨厌男孩或女孩。

我们能凭借绘画在移情中展开工作。如果我们对这一变形置之不理，这些孩子到了八岁就会脊柱侧凹。我在那些后来严重脊柱侧凹的孩子小时候画的画中，找到了这些被损伤的轴。他们偏离轴线的画表明他们的植物性身体意象也歪曲了。他们在这些画中无法表现生机勃勃、中轴对称的东西。

这些孩子看上去是人，却被卡在被动阶段。一幅中轴对称的画意味着我们在各个阶段都拥有自己的另一个自我。轴的伦理就是性别和面孔。

那些不接受自己性别的人，他们的另一个自我很脆弱，需要其他人来肯定他们的性别。如果是女人，她会等着一个男人来认可她是女人，反之亦然。否则，这些人会始终认不清对自己的外貌和性别。

参与者：我治疗了一个低声说话，不断地画常常没有门的"上帝—房子"的女孩。我不太明白这例个案。

多尔多：我今天恰好也见了一个画了些没有门的"上帝—房子"的孩子，他说话的声音也很低。没有门是否就是一种话语受抑制的迹象？门代表着与口的关系，代表着你—我关系。在我看来，这是可能的，因为如果有门，就有一条实际上代表着通往某个人的话语的道路。没有门，路很快就断了。一旦建立起和精神分析家的谈话，孩子画中的这条道路就会延伸并通往某个方向。在这种情况下，缺乏门不正反映出那个还不会说话的孩子和母亲建立关系的时期吗？因此，他必须在和你的移情中重新经历这个时期。

参与者：对于孩子来说，面具不能代表另一个自我吗？

多尔多：一个真正的面具？我不知道。不过，我多次注意到孩子会用面具表现某个重要的东西。我记得一个说话很结巴的孩子戴着一个面具来晤谈，因为那天是嘉年华（Mardi gras）。戴上面具后，他一点儿也不结巴了。我们谈到这一点，他告诉我："如果我用南部口音说话，我也不结巴！"他马上就用南部口音讲了一些淫秽色情的故事。就他的个人经历以及性别而言，这些故事是非常重要的。

这又是一个让我们觉得另一个自我和对自身性别的自在感有关的案例。这在很早的时候，在有自我的年纪之前就开始起作用了。在我看来，另一个自我和面具有关，但是是和内在的面具而不是外在的面具有关。

对于这个男孩来说，使用一个外在的面具能让他变成另一个人，能让他不口吃。一旦用自己的名义说话，他就变得重新口吃起来。他不能在口欲期承担自己的性别身份，需要躲在一个假的身份背后保护自己，似乎只有这样才能掌控作为男孩的石祖性的表达的话语。

参与者：你说的这些关于面具的话，让我想起弗洛伊德在他关于"让人担心的诡异感"的文章中提到的致命的和自恋的另一个自我的回归。

多尔多：在我看来，这一让人担心的诡异感实际上是另一个自我的一个方面。但是，另一个自我并不一定让人担心，或令人感到诡异。它只是在那儿，确保这种担心或者诡异不会超过一定限度。一方面，"让人担心的诡异感"会导致恐惧症；另一方面，另一个自我是某种他者，我们可以十分肯定地在它上面建立自己的安全感。它是某种内投的独一无二的东西。在俄狄浦斯期以前，这是一个安全保障，它防止孩子成为简单（生理）需要的客体。那时，孩子在想象中可能会赞同乱伦。

它既不是镜像的，也不是视觉的，我觉得它是一种经历。镜中的形象要晚得多，大约到孩子六个月大时才开始。

参与者：镜中的形象难道不是既诱人又非常让人担心吗？

多尔多：正是如此。然而，从无意识的另一个自我得以建构时起，我们就不再受镜中形象的侵袭了。比如说，你们去看看，某个人会在照镜子时说"天啊，我多丑啊"，却在接下来不再去想这件事。这是因为尽管镜中的形象不太令人满意，这个人内在的另一个自我却并未被改变，完全能继续为他带来安全感。

参与者：另一个自我的形成取决于父母的自恋吗？

多尔多：另一个自我并不是通过父母形成的，但的确是与父母的辩证关系的结果。那些有着极具进攻性、破坏性父母的孩子，在某种程度上，是一些形成了更坚固的（另一个自我）形象的孩子。

这让我们很吃惊，也很难理解，因为按照所谓孩子通过行动不断学习的教育原则，（这样的）父母会让孩子变得很脆弱。无论如何，这会阻碍孩子构建矜持的另一个自我。

参与者：如果父母很有攻击性，怎么才能构建一个坚固的（另一个自我）形象？

多尔多：它恰恰在父母明显具有攻击性欲望时得以建构。事实上，必须有一些矛盾的形象。也就是说，父母虽然有攻击性，但却很多情，这差不多也能让孩子保持健康。

参与者：你谈到的无意识的另一个自我是内部的。弗洛伊德"让人担心的诡异感"却是当另一个自我在外部被觉知时才出现的。他举了这个例子。他看到一个男人在镜子面前自言自语："瞧，（镜子里）这个老男人是谁？"这个人突然才意识到这是他自己。他在外部遇到了另一个自我，没能把它好好地留在自己内部。

这就是让人担心的诡异感。

多尔多：他是在否认自己的外貌，这不是他的另一个自我。

参与者：可以构建起一个镜中的形象吗？

多尔多：仅仅在面对池塘的水面，没有其他人在场的情况下？不，这种情形不存在。只能在和一些他者的辩证关系中构建起镜中的形象，肯定不是在只面对镜子的情况下。它是通过内化一些他者产生的。

参与者：另一个自我是不是那个让我们每个人能自认的东西，也就是说，个人身份的基础？

多尔多：正是如此。这是一个永久性的东西，比如说，会在我们醒来时回来（让我们能认出自己）。

我治疗过一个失掉了一部分自己的男人。十四岁时，他母亲突然半夜把他叫醒，让他去找医生，因为他父亲心肌梗死发作了。从这天晚上以后，每一年在发生这件事的同一时段里，他都会躁狂发作，然后是六个星期的抑郁状态。在此期间，他不得不住院治疗。

结婚以后，这一症状变得更加让人烦恼，这个男人开始做精神分析。在治疗过程中，他发现在这个被突然叫醒的可怕夜晚，他把自己的一部分遗失在床上了。

醒来的时候，他不认得那个昨晚睡着以前的自己了。他在分析中寻找的就是自己的这个部分。自从他卖掉了自己现在的床——实际上也曾是他父母睡的床，即原初场景的那张床，这个症状就消失了。这张床是母亲非要给他的，父亲发作心肌梗死时也是在这张床上（他父亲被治愈了，并一直健在）。

从根本上讲，对于我们每个人来说，构建另一个自我的必要性正来自我们有一具身躯和一张面孔这个事实。另一个自我难道不是一张面孔和其他面孔的关系吗？另一个自我依不依赖话语？另一个自我特别让我感兴趣的地方，恰恰在于它不依赖话语，以及它和话语、嗓音之前的东西的关系。另一个自我也存在于那些话语被抑制的人身上，他们之所以抑制自己的话语，也许是为了不丧失它。

我同样关注在主体自身能说话之前，在他人拥有的语言中，另一个自我在主体身上形成的方式。

正是在前—超我期发生了一些涉及另一个自我的形成的事情。前—超我是孩子与那个他所依赖的人的情感和节律上的一致。我们知道，植物性神经的节律并不完全取决于遗传。当然，每个孩子都有自身的节律风格，但是它们将和那个照料他的人的节律保持一致，并成为两者之间经过编码的语言。这就是前—超我。如果那个照料孩子的人——一般来说是母亲——破坏了孩子的节律，让其基础自主神经生物钟变得紊乱，也就是说，强行给孩子安排她自己的节律的话，孩子将出现严重的障碍：失眠、厌食或精神病。

如果孩子的节律被容忍，同时感到自己被照料他的人当作鲜活的人来接受的话，孩子就会产生一个以他者为特征的东西。孩子会内化这个东西，这个东西不属于超我而属于自我。

比如说，这些东西是孩子模仿母亲语言中的音素的牙牙学语。渐渐地，前—超我在一些发音肌肉上起作用，从咽部可发出的所有音素中消除那些对于母亲来说没有意义的音素。

孩子将努力发出监护人的音位，并逐渐习惯其听力频段。孩子的这一工作将让那些属于其他语言的音调、音素和频段变得不可能（发出）。

前—超我作为工具，对孩子成为另一个人这样一个欲望起到了非常重要的促进作用。

参与者：过渡客体在另一个自我的形成过程中起了什么作用？

多尔多：过渡客体在另一个自我得以内化前起作用。但是，孩子投射到这个恋物癖—客体上的仍然是他和母亲的关系。孩子通过拥有一个不能分离的恋物客体来扮演自己的母亲。他扮演自己还在母亲肚子里或还在吃奶时期的母亲，而不是现在的母亲。他和现在的母亲处在一个接受或否认自己行为的话语的幻想关系中。

就是在这里，我们看到超我介入了，幸运的是毫无成效。这让孩子继续做些成年人称之为蠢事的行为。我们来举个非常具体的例子。一个二十个月大的孩子在清空柜子里的东西。他非常清楚这是一件蠢事，并在这样做时不停地重复说："不要碰，不，这样不好。"但他还是会这么做。前—超我此时已经起作用了。当孩子用母亲的话语说话时，它就出现在孩子的话语中了。但是它说得足够灵活，不会妨碍孩子完成一个属于让他有所发展的欲望的行动：清空柜子—妈妈里所有的东西，让自己成为妈妈肚子里唯一的主人。

欲望比那些禁止它们的说法更有力量，尽管这些说法属于对社会和话语的适应的一部分。

参与者：这个孩子是不是已经内化了一个好的另一个自我？

多尔多：是的，但是这个另一个自我还很脆弱。例如，它可能会在孩子受到严厉惩罚的情况下消失。

参与者（男性）：我们可以把另一个自我的形成放到孩子掌握语言之前。另一个自我是通过孩子周围人的语言被登录到孩子身上的吗？身体的这部分会因此被置于他人的话语中吗？

多尔多：肯定是的。

参与者（男性）：另一个自我是出于这个原因，才不会随着后来想象界的变动而有所不同的吗？

多尔多：我认为，另一个自我的构成直接与胎盘这个我们每个人出生后丢弃的孪生兄弟姐妹的无意识的象征化相关。

此外，在个人精神分析中，只要原初场景的幻想没有在这个我们称之为穿越死亡冲动的抑郁状态中被重新经历，治疗就没有终结。一旦这被重新经历了，我们就可以说，病人走到了尽头，他失去了自己的胎盘，因为另一个自我是通过话语在与移情的接触中得以构建的。

在某些非洲部落，巫师会把新生儿的胎盘葬在一个众所周知的地方。

在部落某个成员发疯时，巫师就把他领到那个埋胎盘的地方，并通过一系列神奇的法事让他象征化这一和他分离了的无意识的另一个自我或所谓控制了他的幽灵。

巫师用这样的仪式来给病人做一个真正的脐带阉割。

参与者：有一件事情让我很吃惊。母亲在分娩后，甚至在好奇孩子的性别之前，常常最想知道的就是孩子是不是缺胳膊少腿。这可能意味着什么吗？

多尔多：在这样一个母亲那里，不正是有一个次级思维过程让她觉得孩子的胎盘拿掉了"她自己—孩子"的一部分吗？因此，她对作为自己竞争对手的胎盘有一个投射。这很像女孩身上的阉割焦虑，它始终和野蛮的、像巫师一样的母亲连在一起。这个母亲如同禁止自己一样禁止女儿享受女性的特权。

我们知道，年轻的母亲常常被迫把孩子交给自己的母亲。这能让没有负罪感地去过她自己作为女性的生活。因此，我不禁要问，这一类年轻母亲是不是把母亲禁止她们有一个完全属于自己的（完整的）孩子这个无意识的威胁的禁令投射到了胎盘上呢？

Séminaire de psychanalyse d'enfants Tome1
Edition réalisée avec la collaboration de Louis Caldaguès
© Editions du Seuil，1982
北京市版权局著作权合同登记号：图字 01-2016-1815

图书在版编目（CIP）数据

　　儿童精神分析讨论班·第 1 卷 ／（法）弗朗索瓦兹·多尔多
著；（法）路易·卡尔达盖斯编辑整理；王剑译 .—北京：北京
师范大学出版社，2021.4（2022.11 重印）
　　（心理学经典译丛·法国精神分析）
　　ISBN 978-7-303-26240-3

　　Ⅰ . ①儿… 　Ⅱ . ①弗… 　②路… 　③王… 　Ⅲ . ①儿童—精
神分析　Ⅳ . ①B844.1

中国版本图书馆 CIP 数据核字（2020）第 158183 号

教 材 意 见 反 馈	gaozhifk@bnupg.com	010-58805079
营 销 中 心 电 话	010-58807651	
北师大出版社高等教育分社微信公众号	新外大街拾玖号	

ERTONG JINGSHENFENXI TAOLUNBAN DIYIJUAN
出版发行：北京师范大学出版社　www.bnup.com
　　　　　北京市西城区新街口外大街 12-3 号
　　　　　邮政编码：100088
印　　刷：北京盛通印刷股份有限公司
经　　销：全国新华书店
开　　本：880 mm×1230 mm　1/32
印　　张：8.625
字　　数：180 千字
版　　次：2021 年 4 月第 1 版
印　　次：2022 年 11 月第 2 次印刷
定　　价：68.00 元

策划编辑：周益群		责任编辑：梁宏宇
美术编辑：丛　巍		装帧设计：李向昕
责任校对：康　悦		责任印制：马　洁